スピリチュアル・カウンセラーになって豊かに成功する教科書

Clover
クローバー出版

はじめに

こんにちは。
この本を手に取ってくださって、本当にありがとうございます。

本書は、言うなれば……あなたが、
スピリチュアル・カウンセラーとして活躍するための〝招待状〟です。
本書を読み終えることで、あなたはスピリチュアル・カウンセラーとして
活躍するスキルを習得することが出来るようになります。

その案内人は……わたくし、
「スピリチュアル・カウンセラー養成講師」のミスカトニックです。

この本は次のような方へ向けて書かれています。

●スピリチュアルな活動を職業にしたい。
●スピリチュアル・カウンセラーという活動に興味がある。
●占い師だけど、スピリチュアル・カウンセラーとしても活躍したい。
●スピリチュアルな活動で豊かさを実現したい。
●スピリチュアルな世界で活動することに憧れがある。
●スピリチュアル・カウンセラーになる方法を知りたい。

もし、右記の中の1つでもあてはまったら、
この本はきっとあなたのお役に立つでしょう。

そして、それはきっと実現出来ると断言出来ます。
つまり、あなたの夢はスピリチュアルな活動によって
実現される可能性があるからです。

というのは、スピリチュアルな活動のニーズが、

今後、より高くなってくるからです。

その理由は2つあります。

1つは、アセンションの時代を迎えたから。

アセンションとは、カンタンに言えば次元上昇のこと。

私達の世界は、今までとは全く違う次元に移行したのです。
その結果、色々な価値観が変化し、たとえば……男性主体の価値観から、女性主体の価値観へと変化が生まれます。

また、アセンションによってスピリチュアルな能力が開花した、という方も増えてきました。

まぁ、アセンションそのものについて話し始めると……長くなりますし、すこし難しいので、ここでは「スピリチュアルな時代がやってきたんだ」とだけ、捉えておいてください（笑）。

次に、少し現実的な話です。

私は数社の占い会社の顧問をしているコンサルタントでもあるのですが、スピリチュアル業界の市場はかなり好調です。

数年前にスピリチュアル市場は1兆円規模と言われていたのですが（『スピリチュアル市場の研究』有元裕美子／東洋経済新報社／参照）、実際にスピリチュアル関連、占い関連の経営者の方と話をすると「いやいや、実はもっとあるんじゃない？」「これからもどんどん伸びそうだよね」という共通認識があります。

私はスピリチュアリストでもあり、心理カウンセラーでもありますが、同時にビジネスマンであり、コンサルタント、講師でもあります。そのため、スピリチュアル業界の「ビジネス」としての成長度合いは、

常に大きな関心ごとなのですが……少子高齢化が進み、
マーケット自体が衰退傾向にある日本において、
スピリチュアル業界というのは、非常に稀な成長分野の1つと言えるのですね。

また、それとは別にメンタルヘルスに対する関心も高くなっています。
というのは、メンタル面での問題を抱えている方が大変増えており、
それが社会問題となっています。

たとえば、厚労省によると平成30年度の精神障害の労災請求件数が1800を超え、
また「うつ病」の患者数は127万人以上、
精神疾患患者数は419万人を数えるまでになっています。
また、少し古い論文ですが、うつ病による社会的損失は約2兆円と推定されています
(佐渡充洋『うつ病による社会的損失はどの程度になるのか?』2014より)。

これはすごい数字ですよね。

こうした背景から「心の健康」に対する関心も高くなり、カウンセリングのニーズも年々高くなっています。

このことから、スピリチュアルや占いとカウンセリングを掛け合わせた、「スピリチュアル・カウンセラー」「占いカウンセラー」のニーズはますます大きくなっています。

私は普段からビジネスとスピリチュアルを繋ぐお手伝いをしているのですが、全体的なレベルで言うと、スピリチュアル業界が活況を帯びているおかげで、どんどんと成長していっています。

しかし、個人レベルで言うならば、残念ながら明暗がくっきり分かれるというのが正直なところです。

ビジネスで考えると、スピリチュアル業界も競争社会です。
そして、個々のスピリチュアリストが競合し、ある人は結果を出し、ある人は結果が出せない……という現実が歴然として存在します。

この要因はたくさんあります。
いくらスピリチュアルな業界にいても、
活動するとなると、ある程度のビジネスのスキルは必須となります。
そのビジネススキルが弱いがゆえに活躍出来ない……という方も大勢います。

また、そもそもスピリチュアル・セッションの実力が弱く、
クライアントから選ばれない、というケースも珍しくありません。

特に後者の場合は大きな問題です。

スピリチュアルな活動は、私的な活動と対人的な活動の2つに分かれます。

私的な活動というのは、**「生き方」としてのスピリチュアルです。**

たとえば、私は毎日瞑想をしていますし、チャクラの浄化も欠かしません。皆さんの中にも、生活の中に瞑想やヨガ、引き寄せ等のスピリチュアルな習慣を取り入れている方が少なくないのではないでしょうか？

こうした私的な領域でのスピリチュアルな生活……あるいは「あり方」というのが、私的な活動です。

一方、対人的な活動というのは、
対価を得てスピリチュアルな「何か」をクライアントに提供する、というものです。

それがチャネリングであれオラクルカードであれ、スピリチュアルな「何か」を提供する以上、セッションのスキルが一定レベルであることが必須条件となります。

しかし残念ながら、このスキルが弱い方が非常に多く、（その上）スキルの問題と気づかずに集客の問題に転嫁してしまっている……というケースがままあります。

つまり、スキルのレベルが私的な活動のレベルで止まっている方が、セッションを提供してしまっている……ということですね。

このような方が、
スピリチュアルな活動をしようとして失敗しているケースを、
私は（仕事柄）数多く見てきており……とても残念なことだと感じていました。

確かに、対価を得てスピリチュアルな「何か」を提供する場合、
セッションのスキルが必ず要求されます。

しかし、セッションのスキルの習得は、
誰でも身に付けることが出来るものです。

というのは、セッションのスキルを高めるということは、そう難しいことではなく、
最低限のコミュニケーション・スキルとスピリチュアルなサービスのスキルさえあれば、
誰にでも出来ることなのです。

たとえば、私の場合は吃音があります。そのため、「あ行」「さ行」の発音が苦手です。

また、元々ものすごく早口です。しかも、舌が短いので、滑舌はかなり悪いほうです。
話し方も硬く、おおよそフレンドリーな印象を与えません。
セッションを行う者としては、これは致命的とは言いませんが、
かなり不利な条件です。
しかし、この私ですら、スピリチュアル・セッションで高額年収者となり、
他の事業を始めたりすることが出来たのです。

実は、スピリチュアル業界の素晴らしい所は、こうした点にあります。

スピリチュアル業界はとても懐が深い業界です。
誰でもウェルカムですし、
誰でも活躍できて、成功出来るチャンスがたくさん眠っています。
1年前までは普通のOLだった方が、スピリチュアル業界に転身し、
大成功を遂げた、というケースはざらにあります。

これを読んでいる皆さんが必ずしも、「お金儲け」に関心があるとは思っていません。

ただ、活動の成功を示す指標としてはお金が分かりやすいので、
ひとつの例を挙げます。

ある女性のスピリチュアル・カウンセラーさんは、
前職でフルタイムの派遣事務員をしており、年収は300万円でした。
しかし、スピリチュアル・カウンセラーになった今、年収は600万円に跳ね上がり、
なおかつ週3日しか活動していません。
それ以外は趣味に没頭して過ごす、悠々自適な暮らしを送っています。

こうした活動が出来るチャンスは、皆さんにもあるのです。

では、どうやったらスピリチュアル・カウンセラーとして成功出来るのでしょうか？

もちろん、集客やコンテンツの情報発信は大切です。
しかし、多くの方がつまずいて……また、盲点となっているポイントは、
「セッションの質」にあります。

その証拠に、
私の顧問先であるスピリチュアル関連の会社のオーディションの合格率は1％です。
これは、オーディションが厳しいのではありません。
そもそもセッションとして成立していないというケースがあまりに多いのです。

セッションはクライアントとのコミュニケーションです。
そしてスピリチュアル・カウンセラーは、
スピリチュアルな存在や世界とクライアントを橋渡しする大切な存在でもあります。

チャネリングが出来る、オラクルカードやタロットカードが読める……だけでは、
残念ながらセッションとして成立しません。
クライアントとの意味あるコミュニケーション、
つまり「カウンセリング」部分がしっかりしていて、初めて成り立つものなのです。

逆に言えば、セッションの質が高いのであれば、成功するのは時間の問題です。

集客も情報発信も枝葉の問題でしかないことを実感されるでしょう。

だから、私が皆さんに声を大にしてお伝えしたいのは、
スピリチュアル・カウンセラーである以上、「カウンセリング」の部分をしっかり行うことが出来れば、成功することはたやすい、ということです。

本書の目的は、
「スピリチュアルな活動で、クライアントもスピリチュアリストも豊かに成功出来る」というものです。そして、そのために必要な、
「カウンセラーとしての技術」と「スピリチュアルな能力の開花の方法」という、2つのメソッドを（可能な限り）分かりやすくお伝えしているものが、本書です。
本書を手に取っていただき、そして実践していただくことによって、
あなたもスピリチュアル・カウンセラーとして、
クライアントと共に充実した活動が出来るようになるでしょう。

このメソッドが成立した背景について、少しお話しいたします。

私自身、元々心理カウンセラーだったのですが、あるきっかけでスピリチュアルの世界に入り、かなりの収入をいただくまでになりました。

そして、その得た収入を社会還元したいと考え、認知症専門の介護福祉事業所を立ち上げるとともに、「スピリチュアル・ビジネス・コンサルタント」「スピリチュアル・カウンセラー養成講師」として、全国で数多くのセミナーなどを開催しています。

また、法人顧問として、占いやスピリチュアル関係のビジネスのサポートもしております。

そうした活動を通して、活躍している占い師やスピリチュアル・カウンセラーに、ある共通点があることが分かりました。

それは、「カウンセリング」がものすごく上手いのです。

そうした方々が皆さん、カウンセラーとして専門的な教育を受けているわけではありません。しかし、実際のセッションを通して、カウンセリングのスキルを磨いてきた結果として、活躍出来るようになったわけです。

しかし、本書の目的である「スピリチュアルな能力の開花」がないと、スピリチュアル・カウンセラーとして活躍することは困難です。


私自身、確かに元々スピリチュアルな環境に身を置く機会があり、生まれつきいただいたスピリチュアルな能力があります。しかし、これはたまたま生来的にそうした能力が開花された状態で生を受けただけで、そうした能力は皆さんも必ず持っており、適切な方法でトレーニングすれば、スピリチュアルな能力は開花出来ます。


そこで、本書ではチャネリングや透視といったことが出来るようになるよう、トレーニングの方法もご紹介します。

おそらく、この本を手に取った方の中には「すでにチャネリングや透視能力を持っている」という方もおられるのではないかと思います。

ならば、その能力を上手に「カウンセリング」という技法に乗せて、「クライアントの気づきを促す」というアプローチが必要となります。

そしてさらに、両者を無理なく融合させるスキルが求められるのです。

こうした背景を元に、オリジナルのメソッドを完成させました。

そのメソッド……つまり、

「スピリチュアル・カウンセラー養成メソッド」を、本書ではご紹介していきます。

まず、「スピリチュアル・カウンセラー」の範囲について、明確にしておきましょう。

「スピリチュアル」そのものが、ヨガや占い……果ては環境保護活動まで、幅広い分野を有しているように「スピリチュアル・カウンセラー」もまた、幅広い概念です。

ここで、私がお伝えする「スピリチュアル・カウンセラー」というのは、スピリチュアルな要素を取り入れた占いやカウンセリング（セッション）をクライアントに対して行う方……という意味あいになります。

そして、スピリチュアルな要素ですが、（技術的には）占いやチャネリング、ハイヤーセルフや守護天使等との交流を指します。
そしてセッションの性質としては、スピリチュアル、つまり人の精神性や霊性、「魂《たましい》の問題」を扱う方、というものを前提にしています。

ただ、一点注意が必要なのは、一般のクライアントは「占い」と「スピリチュアル・カウンセラー」を、とくに区別していません。「スピリチュアル・カウンセラー」という言葉は、クライアントにとっては「占いの一種」という位置づけなのです。

そのため、対象となるクライアントは、「占い」の窓口に来た方を想定しています。
つまり、占いに来たクライアントにスピリチュアル・セッションを提供するという状況を想定して本書は解説を進めてまいります。ただし、純然たるスピリチュアル・カウンセリングでも通用するように、カバーする範囲を広めにとっています。

もし、占いという要素を全く使わない、心理カウンセリングに限りなく近いスピリチュアル・カウンセリングをする場合、占いを目的にしたクライアントと行き違いが生じないように、事前に丁寧にクライアントに説明をするようにしてくださいね。

最後に、私の想いを1つだけ。

福祉事業を立ち上げるくらいですので、
日本が抱える少子高齢化の課題は、私にとってはライフワークの1つとなっています。

これからは高齢者がどんどん増え、代わりに子供たちが少なくなり、
人口も減少してゆく……日本の未来が明るいとは、決して言えません。
そうした時代だからこそ、日本では今後スピリチュアルがますます脚光を浴びてきます。
なぜなら、多くの方が今後、
生きる意味や死生観と直面せざるを得ない時代がやってくるからです。

自分らしい生き方が難しくなる、
自分のしていることに意味を見出しにくくなる……これが、日本の今後の姿です。

その中で、私達スピリチュアル・カウンセラーが必要となるのです。

あなたを必要としているクライアントは必ずいます。

そして、あなたにしか出来ないサポートを必要としているクライアントも、必ずいます。

そうした方に、ぜひ……手を差し伸べることのできる、スピリチュアル・カウンセラーになってくださいね。

目次

第四章　カウンセリングの具体的な技術について

第五章　クライアントの抱えている問題を考える

第六章　直観力（インスピレーション）覚醒メソッド

第一章

どうして私はスピリチュアル・カウンセラーになったか？

1　幼少期からの経験と使命をいただくまで

まず、カンタンに自己紹介も兼ねながら、私がスピリチュアル・カウンセラーになった理由、そしてスピリチュアル・カウンセラーの魅力についてお話ししたいと思います。

私の生まれ育った家系は、元々僧侶を先祖に持ち、かつ「狐憑き」伝説のある……ちょっと特異な要素を持っていました。

そのためかどうかは分かりませんが……私自身、物心がついたときから、不思議な、時にはとても怖い経験をたくさんしていました。

実家に帰ると、仏壇のところにご先祖様らしき人が座っている、等という経験は日常茶飯事で、駅のホームで「助けて」という声を聴いて後ろを振り向くと、血まみれで右手のない女性に「私の腕がどうしても見つからないの」と言われる、なんてことも珍しくはありませんでした。

ただ、私自身が非常に幼かったころから普通にそうした経験をしていたため、特にそれが不思議とは思いませんでした。

両親にそうした話をしても、適当にあしらわれるだけでしたので、次第にそうした経験をしても、1人で黙って、そっとその場から離れる……という対処をしてきました。

これが特別な経験だと知ったのは小学校3年生の時で、同級生に「あそこに立っている人、亡くなった人だよね」と何気なく言ったとき、「はぁ？　お前、何言ってんの。いないよ、そんなの」と返されたときです。「あ、これって私しか見えないんだ」と、少々ショックを受けたことを覚えています。

そうした経験をたくさんしている私でしたが、私の生い立ちは大変なものでした。

私は両親からの、いわゆる虐待を受けて育ちました。

父親からの突然の暴力は日常の出来事で、母親のネグレクトもごく普通の出来事でした。

私は様々な虐待を、小学校3年生で家を出るまで受け続けました。

また学校でもいじめを受けており、その時ついたあだ名が「刺激臭」。

いま考えると、ネーミングのセンスが良いなと感心してしまうのですが（笑）、当時の私にとっては、家でも学校でも居場所がない……そんな生活をしていました。

そして、「僕は存在してはいけないんだ」という想いを抱くに至りました。

そのため、自分がなぜ生きているのか、その意義を見出すことが出来ず、死んだほうが良いのでは……という思いと、生き続けたいという思いの葛藤を抱えていた私は、少しでも救われたい、という思いからキリスト教の門を叩き、そしてキリスト教神学を学ぶようになりました。

転機は20歳の誕生日に訪れます。

バイト先からアパートに戻る途中、突然何かに自分が包まれた感触を覚えました。

その感触は温かく、愛に満ちた優しいものでした。
瞬時に、それが今まで経験したことのないものであること、そしてそれが神様からのものだと、私は理解しました。
そして、神様が私に語りかけるのを耳にします。

この時、どのようなメッセージを神様から受けたかは、神様と私との秘密ですので、お話し出来ません。

ただ、気が付いたときには、神様の愛に触れたことによって、さめざめと涙を流していたのを覚えています。

それをきっかけに、20歳から25歳までの5年間は、本当に神秘体験の連続でした。

天使や悪魔に遭遇した、という経験も数多くしたのですが、どうしてもそうした体験を自分の中で上手く取り込むことが出来ず、また何よりも「いったい神様は何を期待されて、私にこうした経験をさせるのだろう？」という疑問が頭を離れず、神秘体験自体やスピリチュアルなるものが苦しい時期でもありました。

一方、虐待の影響のほうは、詳しくは第二章でお話しする出来事を経て、私は両親に対する怒りや恨みを全て手放し、「虐待を受けた被害者」という自分自身を克服することが出来るようになりました。

両親に対する恨みを手放すことで、私は自由を手にすることが出来ました。

その時の「自由になれた」という実感は、まるで自分の人生を取り戻したような、ある種の感動がありました。

2　キャリアカウンセラーを経て、心理カウンセラーへ

そのころは建築や不動産関連の営業職をしていましたが、学歴がない私に転職のチャンスがそうそうあるわけがなく、「このまま、これで私の人生は安い賃金のまま終わってしまうのかな……」という漠然とした不安を抱いていました。

当時の私は、「このまま不動産畑で終わるのかな」「でも、給料が不安定だからイヤだな……」という思いを抱いており、転職のチャンスを探していました。
そして、30歳の時、人材派遣会社の求人広告が目に留まります。
その時、直感的に「人生を切り拓くには、いま転職をするしかない！…」と思い、人材派遣会社の営業部に配属されました。

元々キリスト教神学を勉強していた私は、哲学や思想に興味を持っており、その当時はフロイトの本を読んでいました。

それを目にした上司が、私に1つの提案をしてきました。

「キャリアカウンセラーとして、登録した方のキャリア相談に乗る仕事をしないか？」というものでした。どうも、上司は私がフロイトを読んでいるのを見て、心理学に詳しいと思い込んだらしいのです！　でも、実際は、心理学の知識は全く持っていませんでした。

しかし、それまでは、企業を訪問しては派遣社員を送り込むという営業活動をしていたのですが、営業職という仕事に少々飽きていました。

そこで、その上司の申し出に乗ることになり、その企業の「1人キャリアカウンセラー」として登録されている方のサポートをすることになりました。

と言っても、いまとは違い当時はキャリアカウンセラーという国家資格は存在せず、その当時の私の心理学の知識など、フロイトを読んだことがある、という程度のものです。

そのため、上司の申し出に快諾した後、大きな本屋さんに行って、とりあえずキャリア理論の本とカウンセリング（認知行動療法）の本を購入しました。

これが、私の心理学との出会いです。

心理学との出会いは私にとっては大きなものでした。特に認知行動療法は私にとっては非常に興味深く、キャリアカウンセリングと並行して、認知行動療法を用いたセッションを行うようになりました。

そして、そのころ心理カウンセラーとして独立している方と知り合うきっかけを得て、「カウンセラーとして独立開業も出来るんだ」という可能性を見出しました。

そして、32歳の時、民間のカウンセリング学校を卒業し、すぐに心理カウンセラーとして独立開業しました。

元々、法人営業はずっとやってきたので、誰もが知っている大きな会社に営業をかけ、メンタルヘルスの講習や、その法人内の福利厚生の一環としてカウンセリングをするようになりました。

心理カウンセラーとして独立しても、私の生活水準は元のままでした。
しかし、当時は独立開業が流行っていた時期でもあったので、フリーランスとして活動出来るという自分に満足していました。

そんなある日のこと、友人から次の提案をもらいました。

「香港からイスタンブールまで巡る旅行をしないか？」

元々、トルコへは一度は行ってみたいと思っていましたので、私はその提案に飛びつきました。

しかし、私の預金通帳は、それが不可能であることを物語っていました。

バイトでもしなきゃな……カウンセリングが終わったあと、コンビニで立ち仕事か……大変だな……。

そう思っていた私に、別の友人がある情報をくれます。

「電話で占いをするという仕事があるよ。心理カウンセラーなんだから、やってみたら？」

3　電話占い師としてデビュー

在宅で占いをするという話は、私にとって魅力的に映りました。

しかし、大きな問題が1つありました。私は占いをしてもらったこともなければ、占いも全く知らなかったからです。

また、元々キリスト教の背景があるので、占いをするということには正直抵抗がありました（キリスト教では占いは禁忌とされています）。

そして、悩んだ挙句に祈ったところ、

一言「それをしなさい」という言葉が降りてきました。

この時、20歳から25歳までの間の神秘体験の連続の意味が分かったような気持ちになりました。つまり、私の中で神秘体験とこの占い師になるということが、自然と繋がったのです。

同時にそれは、
厳密なキリスト教的な価値観から自分を解放するきっかけにもなりました。

そこで、３日間でタロットカードを覚えて、
電話占いのオーディションにエントリーしました。

オーディションの結果は、合格。

まさか、合格するとは思っていなかったので、この結果は驚きでした。

そうして晴れて電話占い師として活動を始めたのですが、
最初はびっくりするくらい売れませんでした（笑）。

電話占いは、完全歩合制です。つまり、占いをやった分しか報酬をいただくことが出来ません。当時の私は全く売れず、電話が鳴らない、鳴ってもリピーターに出来ない、という現実に苦しんでいました。

そこで、私は自分のセッションを見直してみました。

まず、得意の認知行動療法を占いに応用すること。

そして、直観力を鋭くするトレーニングです。

前者は、可能な限りクライアントに寄り添いながら、クライアントの気づきを促しつつ、具体的なアドバイスまで考えられるようにすること。

そして後者は、私が幼少期から持っていた「直観力」を、セッションでも使えるように鍛え磨くことでした。

この時、私が編み出したのは、
ヒプノセラピー（催眠誘導）の方法論を用いて直観力を鋭くするメソッドです。

4　直観力を磨くヒプノセラピーを用いたメソッド

元々、ヒプノセラピーは潜在意識に働きかけることを目的にしています。

具体的には、顕在意識を弱め潜在意識にアクセス出来るようにし、様々な望ましい変化を生み出すようにアプローチするのがヒプノセラピーです。


一方、直観力は誰にでも存在し、それは潜在意識の中で眠っています。

いつ、どのように目覚めるかは人によって個人差があるだけで、本来直観力というものは、実は特別なものでも何でもなく、誰にでも平等に存在しているものなのです。


進化心理学的に言うと、原始時代と現代の脳には、さほど大きな違いはありません。

そして、文明が発達していない時代においては、生き残っていくためには、直観力が必要不可欠だったのです。

ただ、現代の私達は様々な文明の恩恵を受けています。

そうした状況では、わざわざ直観力を発揮しなくても危険を回避することが出来るために、直観力が眠ったままになってしまっているだけなのです。

ということは、直観力を磨くには、潜在意識に働きかけるヒプノセラピーの手法が適しているのではないかと考えたのです。

そこで、ヒプノセラピーのセッションをベースに後の「直観力覚醒メソッド」の元となる方法論を完成させ、それを自らに適用しました。

結果的に、これが当たりでした。

直観力を磨いたことによって、様々なイマジネーションが生まれてくるようになりました。

そして、直観力を活用したセッションをすることによって、クライアントの反応もかなり良くなってきました。その結果、最終的には予約が3か月待ちの占い師になることが出来たのです。

今は占い師、心理カウンセラーとしての活動の傍ら、スピリチュアル・カウンセラーとしても活動をしています。

~・~・~・~・~・~・~・~

自己紹介もかねて私の過去の出来事を書きましたが、確かに私は幼いころから直観力がすぐれていました。しかし、これは私が特別だった、というわけではなく、それは「たまたま」だったと考えてください。繰り返しになりますが、**直観力は誰にでもあるものですし、それはまだ単に眠っていて覚醒されていないだけなのです。**

現に私のセミナーの受講生は、最初は全く直観力がなくても、セミナー受講後は見事に直観力が働くようになっています。

私自身の神秘体験にも数多く触れましたが、実はこの手の神秘的な体験をなさっている方は意外と多いのです。**しかし、神秘体験があることは偉いことでも特別なことでもありません。**少なくとも、神様のような超自然的な存在による導きは、誰にでも平等になされるものであり、私の神秘体験は、私と神様が他の人と違う特別な関係で結ばれていることを意味しません。

また、この本を手にしたあなたは、超自然的な存在によって導かれていることを体験するでしょう。

これから皆様にスピリチュアル・カウンセラーになる方法、つまり「スピリチュアル・カウンセラー養成メソッド」を順序立ててお伝えします。いま、直観力がゼロでも全く心配いりません。第六章で私のオリジナルメソッドである「直観力覚醒メソッド」にて、皆様の直観力を覚醒させるようにアシストします。

まずは、そもそも「スピリチュアル・カウンセラーとは何か？」という点からご説明したいと思います。

第二章

スピリチュアル・カウンセラーとは？

1　そもそも、スピリチュアル・カウンセラーとは？

まず、「そもそも、スピリチュアル・カウンセラーとは？」という点を少し深く考えてみたいと思います。

まず、スピリチュアル・カウンセラーの「技法」を見ていきましょう。

技法的には、スピリチュアル・カウンセラーは占いとそう変わらない側面があります。というのは、使う技法の多くは占いの範囲を超えないものが多く、具体的にはタロットカードやオラクルカード、チャネリングや占星術などが用いられることも多いからです。

しかし、そうした占いの道具を使用しない方法でも、スピリチュアル・カウンセリングは成立します。例えば、心理カウンセリングでも、クライアントの相談や悩み（主訴）の解決を目指すならば、それは通常の心理カウンセリングです。

一方、そのクライアントの悩みを通して、例えば宇宙や天使、守護霊や神様（ここでは、混乱を避けるために『超越した存在』に統一しますね）がクライアントをどのように導こうとしているのか、という観点で考えるならば、それはスピリチュアル・カウンセリングになると言えるでしょう。

これは占いでも全く同じで、クライアントの相談内容に対して、単に一問一答するだけなら、それは（良い悪いに関係なく）占いの範囲を超えません。

しかし、例えば不倫で苦しんでいるクライアントが相談してきたとして、クライアントが「彼とは結婚出来るでしょうか？」という相談をしたとします。この時、もちろん占いとしてどう答えるかは、占術の出た結果次第となるでしょうが……もしここで、

「このクライアントを、『何か』はどのような方向へ導こうとしているのだろう？」

「このクライアントの『魂《たましい》』は〝不倫相手との結婚〟という願いを通して何を実現させたいのだろう」

という問いを立てることが出来るならば（もちろん、それにはカンタンな答えなど存在しませんが）、それはスピリチュアル・カウンセリングになりうるのです。

ただし、「カウンセラー」と銘打ってあるわけですから、カウンセリングのスキルが要求される、という点は注意が必要です（カウンセリングの技法については後述します）。

次に、クライアントから見た「スピリチュアル・カウンセラー」を見てみましょう。

2　クライアントにとっての「スピリチュアリティ」とは？

クライアントは、スピリチュアル・カウンセラーと占い師を区別しません。

というのは、「スピリチュアル・カウンセラー」という用語が、クライアントにとっては「占いの一種」という捉え方をされているからです。

そのため、そうしたクライアントのニーズに応えるためには、「占い」という部分を残しつつ、スピリチュアルなアプローチをする必要があります。

とはいえ、「当たる・外れる」占いをする必要はありません。
そもそも、占い師とスピリチュアル・カウンセラーは立ち位置が違います。
しかし、占いを期待しているクライアントに対して、スピリチュアル・カウンセリング
だからといって占い的な対応を拒否するよりも、ひとまずは占いとして答えるというのが、
クライアントに対する誠意ある対応と言えるでしょう。

その上で、クライアントに対して私達スピリチュアル・カウンセラーは、
どのような問題や悩みであっても、
クライアントのスピリチュアルな側面からアプローチをすることになります。

スピリチュアルな側面……と聞くと、
天使やハイヤーセルフ、宇宙や神様を思い浮かべる方も多いと思います。
スピリチュアルとは、もちろんそうした超越的なものも含みますが、
実はクライアントにとって非常に身近なものでもあるのです。
それは、スピリチュアリティが、物事や出来事に「意味」を与えるからです。

少し話がそれますが、医療や介護の分野では最近「スピリチュアル・ケア」の重要性が注目されています。その「スピリチュアル・ケア」の分野では「スピリチュアル・ペイン（スピリチュアルな痛み）」という言葉があります。これは、クライアントが持っている「私は○○という人」という信念や考え方と現状との違いが大きくなった時に生まれる苦痛や悩みを指す言葉です。

例えば、患者が糖尿病で、今までのような食生活が出来なくなった……という苦悩も「スピリチュアル・ペイン」として位置づけられるのです。

なぜ、これが「スピリチュアル」の範疇に入るのでしょうか？

このクライアントが問いかけているのは、「なぜこうなったのか？」という因果関係ではなく「どうしてこうなったのか？」という「意味」なのです。

人は本来的に「意味」を問う傾向があります。そしてどんな出来事であっても、その出来事に意味を見出せなくなると、深い空虚感と絶望感に人は襲われます。

皆さんは、アルベール・カミュの『シーシュポスの神話』をご存じでしょうか？

ギリシャ神話に登場するシーシュポスは、あることで神々の怒りを買ってしまい、大きな岩を山頂に押して運ぶという罰を受けます。

しかし、その大きな岩は山頂に着いた瞬間に元の場所に転がり落ちるようになっており、シーシュポスは永遠に岩を山頂に運び続けなければならない宿命を背負わされてしまうのです。

このような、全く意味をなさない作業がいかに大きな精神的苦痛になるかは、想像に難くありませんよね。

このように、「意味の喪失」は、クライアントに深い空虚感と絶望感を抱かせます。

その空虚感と絶望感からクライアントを救ってくれるのが「意味」なのです。

出来事を因果関係で説明すると、どうしてもクライアントを責めるカタチになります。先の糖尿病の例で言うと、因果関係だと「あなたの食生活のツケです」という話になってしまいます。これではクライアントは救われません。

また、問題が発生した「因果関係から解決を考える」というアプローチは、「心の問題」には上手に対応出来ません。

例えば……糖尿病であれば、「食生活に問題があったため、食生活を改める」ことは、糖尿病の治療には役立ちます。

そして、それは「心の外」の問題では有効です。しかし、「今までのような食事がとれなくなった」という喪失感が伴う心の問題は、因果関係では解決出来ない問題なのです。ましてや、クライアントが「なぜ、私は糖尿病になってしまったのだろう?」という、「意味を問う悩み」には、因果関係は無力です。

しかし、出来事を「意味」として捉えると、また違った視点が見えてきます。

実際に私の担当した心理カウンセリングのケースであったことですが、糖尿病で今までの食生活が出来なくなり、ストレスフルになっているクライアントがいました。

そして、セッションがある程度進んだころ、私のほうからこう投げかけました。

「失った食生活も楽しかったように、今の食生活を楽しめると良いですよね」

すると、クライアントはハッとした表情でこう答えました。

「失ったものを嘆くのではなく、今あるものに感謝する、ということですね」

この瞬間、クライアントの食生活に新しい意味が与えられました。

今までは、糖尿病のせいで「我慢して食べていた食事」が「感謝と共にいただく食事」へと変わったのです。

それと同時に、糖尿病も「感謝の機会をもたらしてくれた貴重な存在」という位置づけが出来、その結果「この病気と一生仲良く付き合っていきますよ」という前向きな姿勢へと変わっていきました。

このように、「意味」はクライアントに新しい価値観と健全な動機づけを与えます。そして、「意味」という根源的なものを扱うという意味で、それはスピリチュアルなアプローチなのです。

何より重要なのは、クライアントが直面している問題が大きければ大きいほど、クライアントは根源的な「意味」を問いかけてくる、という事実です。

そして、スピリチュアル・カウンセラーの活動とは、クライアントがそうした「意味」を見出せるように、徹底的にクライアントに寄り添うことなのです。

「なぜ、私はこうなのだろう？」
「なぜ、私だけいつもこんな目に？」
「私はなぜ生きているのだろう？」

この問いは、困難を生きる方々にとっては非常に深刻な問いであり、スピリチュアルな疑問です。そして、クライアントは、その「出来事」ではなく、「出来事」から生じる「意味」に苦しんでいるという意味でもスピリチュアルなのです。

3　スピリチュアル・カウンセラーが目指すもの

スピリチュアル・カウンセラーは、まさにこうしたテーマを扱います。

「どうして私がこんな目に……」というクライアントの問いは、苦難の中にあるクライアントに共通する疑問であり痛みです。

スピリチュアル・カウンセラーが目指すものは、クライアントのスピリチュアリティの成長であり、その結果の自己解決です。私達は、答えをお渡しするのではなく、そのアシストをする存在でしかありません。

では、クライアントのスピリチュアリティの成長とは何でしょうか？

端的に言うと、「超越した存在への信頼」であり、

「超越した存在への信頼を元に毎日を生きること」です。

ここで「超越した存在」と書きましたが、これは神様や宗教という意味も含みますが、「人生そのもの」ということも含みます。というのは、私達にとっても「人生」というのは、私達の存在をはるかに超えた大きな存在だからです。

つまり、特別な信仰心や超越した存在への信仰心などでなくても、毎日の生活、自分の人生に価値を見出し、クライアントのスピリチュアルな部分（ココロ、たましい）がより良い状態になることを目指すものなのです。

そして、安易な因果関係での発想を超えて、その経験やそこからの人生に価値と意味を発見するということです。

分かりやすいたとえ話があったほうが良いと思うので、私の経験をお話ししたいと思います。

第一章でお話ししましたように、私は両親からあらゆる虐待を受けて育ちました。父親の暴力や母親のネグレクトは日常茶飯事で、まともな食事も与えてもらえませんでした。

小学生のころは障害を持つ弟と2人っきりで、何か月も自宅で過ごすことも多々あり、かろうじてライフラインは維持されていたものの、食べるものにも事欠く毎日でした。

そして、父親の高校進学に対する反対もあったため、進学を諦めざるを得ず、結局中学を出てから働くことになりました。

ちょうどバブル期だったため、周りの人達は裕福な生活をしていました。しかし、私は依然として貧しいままで、学歴もないため職探しにも苦労しなくてはいけませんでした。

「どうして自分だけがこんな目に！」

こうした想いが常にありました。

そして私は両親、特に父親に対する憎悪の感情が捨てきれませんでした。

私の毎日は、貧しさと憎悪、そしていき場のない憤りと虚無感でいっぱいでした。

生きる意味を見出せず、生まれてきた理由も見つけられず、

「私は苦しむために生まれたのだろうか？」と自問自答する毎日でした。


しかし、ある日私に転機が訪れます。

いつものように、自分の部屋で自問自答している時、
次の聖書の言葉が、まるで閃光のように私の頭をよぎりました。

さて、イエスは通りすがりに、目の見えない人を見かけられた。弟子たちはイエスに尋ねた。「ラビ、この人が生まれつき目が見えないのは、誰が罪を犯したからですか。本人ですか。それとも両親ですか」

イエスはお答えになった。

「本人が罪を犯したからでも、両親が罪を犯したからでもない。神の業がこの人に現れるためである」

（ヨハネによる福音書9・1～9・3　日本聖書協会発行　新共同訳聖書より）

この時、私の頭に閃光が走りました。
そして、私は次のように考えました。

「過去に何があろうとも、これは私の人生。私だけの人生。
誰かを恨み、怒りを持ち続ける限り、私は自分の人生を失っていっている。
だから、私は背負おう。私の人生に起こる全てを。
過去の苦しみを味わい尽くし、そして未来を生きよう。
全ては過去だ。そして、私は未来を生きよう」

この瞬間、私は過去と決別することが出来、恨みや怒りを手放し、
自由を手に入れることが出来ました。

これは、私が経験した数多くの神秘体験の内、最も意義深いものの1つです。

このお話は、私が特別な人間だったということでもなく、また私の神秘体験のお話をしたいのでもありません。

ここで私がお伝えしたいのは、この経験を経ることによって、私自身がスピリチュアルな存在に目覚め、そして自分自身の人生の意義や価値を取り戻し、自分自身の人生を生きることが出来るようになった、ということです。

このように、スピリチュアルな成長とは、先述したように超越した存在への信頼であり、その信頼が元となって毎日の生活が活き活きと変わっていくことなのです。

こうした経験を経ることによって、私の問題が解決したように、クライアントの問題も、結局は自己解決していきます。

今まで、数多くのクライアントのそうした場面を目にしてきましたが、元々抱えていた問題が解決したケースもあれば、そうでないケースもあります。

しかし、1つ言えることは、元々の問題が解決しようがしまいが、クライアントは人生を取り戻し、自分の人生を自分らしく生きることが出来るようになった、ということです。

ここに、スピリチュアル・カウンセラーが目指すべきゴールがあります。

4　どのようなスピリチュアル・カウンセラーを目指せばいいのか？

さて、目指すべきゴールが分かったところで、次に私達がどのようなスピリチュアル・カウンセラーであることが求められているのか、という点を考えてみたいと思います。

カウンセリングの世界でもスピリチュアル・ケアの世界でも、次のような言葉があります。

「Not Doing, but Being（『すること』ではなく『在ること』）」

これはちょっと分かりづらいので、ご説明しますね。

私達は困った人を見ると、つい「Doing」、つまり何かを「したく」なります。
これは「困った人を助けたい」という思いから出ているもので、
当然であり……また必要なことです。
そして、
スピリチュアル・カウンセラーもDoingを真正面から否定するものではありません。

ただ、ここには、ある落とし穴があります。

「困った立場」にいるクライアントを何とかしたい、と思い援助的なアプローチをしよう
とした瞬間、今度は援助者であるカウンセラー側が「困った立場」に置かれるわけです。
というのは、援助出来ないとカウンセラー側の存在意義がなくなるからです。

そして、援助的なアプローチが功を奏さないと、

今度はカウンセラー側がクライアントを「困った存在」とみなすという現象が生じます。

ここで、クライアントに対する批判や否定が生まれてくるのです。

このように、スピリチュアル・カウンセラーはDoingを否定はしませんが、その落とし穴には十分気を付けるべきでしょう。少なくとも、クライアントを否定する時点でスピリチュアル・カウンセラー失格と考えるべきです。

一方、そのDoingの落とし穴を回避しつつ、より援助的な方法があります。

それが、「Being」、つまり「在り方」なんですね。

Beingとは、文字通り「在る」ということを意味し、Doingとはある種対極に位置します。Doingが「動」ならBeingは「静」の関係と言ってもいいでしょう。

では、なぜスピリチュアル・カウンセラーにとってBeingが大切なのでしょうか？

Beingとは、私達スピリチュアル・カウンセラーがクライアントからどのような存在として見られているか、ということを意味します。スピリチュアル・カウンセリングは言うまでもなく、「クライアントとカウンセラー」の関係性で成り立ちます。そしてクライアントはカウンセラーの人間性や姿勢、態度を注視しています。そうした点において、私達の人格や態度、姿勢が重要であり、それがクライアントとの関係に微妙かつ重大な影響を与えるのです。

それと同時に、単にそこに私達が存在しているだけではなく、スピリチュアリストとしての「関わり方」も重要になってきます。

その関わり方とは、「クライアントに安易な解決を与えるのではなく、そこに留まり続けるという『関係性』が重要」ということを意味しています。

端的に言うと……人を癒すための言葉や技法、アドバイスも大切なのですが、それ以上に大切なのは、クライアントとの関係性なのです。

例えば、悩んでいる時に十分に理解してもらえたと実感する前にアドバイスをされたり励まされたりしても、あまり響きませんよね。

一方、そうしたアドバイスや励ましがなくても、理解してもらえたという実感があれば、それだけで癒された気持ちになる、ということは皆さんも経験されていると思います。

クライアントのそばに留まり続けることも、関係性を重視するのも、クライアントに対する深い共感のためであり、もっと言うと、痛みを感じているところまで私達が降りていく、という感覚です。

これが、スピリチュアル・カウンセラーにとって大切な「Being」なんですね。

つまりBeingとは、安易なアドバイスや解決策の提供を避け、クライアントに寄り添い、クライアントに共感と受容を提供し、クライアントが安心して問題を深く考えることの出来る場を提供するということです。

もしかしたら、この考え方は一見奇妙なように見えるかもしれません。

「え？　解決は重要じゃないの？」と思われた方も多いのではないでしょうか。

しかし、少し考えていただければ、この意味をご理解いただけると思います。

まず、安易な解決を与え続けるという点ですが、ここには3つの問題があります。

1つ目は、**その関係性に上下関係が出来てしまう、ということ。**

つまり、クライアントは助けを必要としている人で、

スピリチュアル・カウンセラーはその助けを与えられる人……という構図です。

この構図が全く間違っているとは言いませんが、

クライアントとスピリチュアル・カウンセラーは本来対等な立場であり、

どちらが上か下かという概念そのものが発生しないのです。

2つ目は、**安易な解決を与え続けると、依存関係が生まれてしまうことです。**

確かに解決をお渡しすると、一時的にクライアントは安心するでしょう。

そして、その安心を与えるのも時には重要です。

しかし、それをやり続けるとどうなるでしょうか？

クライアントは次第に自分の頭で物事を考えるということを放棄してしまいます。

その結果、依存という関係が生まれてしまうのです。


3つ目は、**安易な解決は、セッションを事務的なものにしてしまう、ということです。**

つまり、「ある特定の相談に対しては、この回答」というように、定型化されたセッションになってしまうということです。

こうなってしまうと、私達はクライアントのパーソナリティや抱えている悩みから生じる痛みではなく、頭痛に対する鎮静剤を与えていることと同じになってしまうのです。

そうなることで、
私達がクライアントのそばに寄り添い続ける……ということを難しくします。

5　スピリチュアル・カウンセラーになるための必要条件とは？

さて、ここまでのお話を整理しながら、スピリチュアル・カウンセラーになるにはどうすればいいのか、という点を考えてみたいと思います。

まず、スピリチュアル・カウンセラーを名乗って活動する以上は、私達自身がスピリチュアルに対してオープンである必要があります。

これは、スピリチュアル系の本をたくさん読んで博識になりましょう、ということではなく、「スピリチュアル」な感覚を理解出来、体感している、ということが大切です。

そうした意味で、ある程度スピリチュアルな体験に触れておくことも大切になってきますので、神秘体験までは必要ありませんが、例えば瞑想などをするといった実践は必須になってきます。

次に占いを使えたほうが良いかどうかという点ですが、スピリチュアル・カウンセリングを心理学の文脈で捉えるか占いという文脈で捉えるかという2つの道があります。心理学的に捉えるのであれば、いわゆるトランス・パーソナル心理学という、非常にスピリチュアルに寄った心理学のジャンルになるでしょう。もし、心理学的にスピリチュアル・カウンセラーとして活躍したいなら、トランス・パーソナル心理学の諸技法を身に付ける必要があります。

しかし、今日の日本では先述しましたように、「スピリチュアル・カウンセリング＝占いの一種」という位置づけが大変強いのと、「スピリチュアル」という言葉が持つ性質を考えると、占いを身に付けておいて損はありません。

そして、占い師の方がセッションの場でスピリチュアル・カウンセリングを求められる場面は、今後ますます増えてくるでしょう。そのため、繰り返しになりますが本書では占いを使うセッションをする方を前提として、スピリチュアル・カウンセリングの実践を解説しています。

また、私達を超越した何かの存在について信頼を持ち、それが日常でも活用されることが望ましいと言えます。そうした意味で、「センス・オブ・ワンダー（神秘性や不思議なものに対する感性)」を常に養っておくことも大切です。
それは、スピリチュアリストとしての「Being」を養ってくれることにも繋がります。

そのBeingの根幹をなすのが、クライアントに対する深い共感です。

共感的であり続けるというのは意外に難しく、すぐに私達は問題を早く解決しようとしてしまいます。

確かに、早期に問題が解決されることも大切ですが、「なぜ、このクライアントはその問題を抱えるに至ったか？　その意味は？」というスピリチュアルな視点と、クライアント自身が抱える不安や葛藤、孤独や怒りを十分に共感することが、結果としてクライアントの回復を早めます。

共感の重要性はいくら強調してもしすぎることはありません。私達がクライアントにお渡しするアドバイスや解釈は問題の解決という意味では非常に意味があることなのですが、同じ問題を繰り返して私達のところへやってくるクライアントも珍しくありません。

私達の活動の大前提として、クライアントがセッションを卒業して1人で歩いて行けることをサポートする、というものがあります。

そうした観点から考えると、対症療法的なアドバイスや解釈も確かに大切ですが、クライアントの「体質改善」に相当する、スピリチュアリティの回復と成長も非常に重要です。

その回復と成長のためには、クライアントに対する深い共感が欠かせないのです。

では、次にその共感も含めた技法の解説へと移りたいと思います。

第三章

スピリチュアル・カウンセリングにおける「カウンセリング」

1　話を聞くこと＝カウンセリング？

皆さんは、「カウンセラー」という言葉を聞いて、どんな活動を想像されるでしょうか？

クライアントの要望や困りごとを聞いて解決方法をアレンジする……というものでしょうか？　それとも、ただ、クライアントの言葉に耳を傾け続ける……というものでしょうか？

占いの現場では、よくクライアントの話にひたすら耳を傾けることを「カウンセリング」ということがあります。また、クライアントが、ただ話を聞くだけで、特に有益な情報をくれなかった占い師を批判する際に「あの占いは、単なるカウンセリングだった」と批判することがあります。

どうも、占いやスピリチュアルの分野では、「話を聞くこと＝カウンセリング」という図式を持つ方が多いな、という印象を受けます。

確かに、カウンセリングの中心はクライアントの話に耳を傾けることです。

しかし、それだけでカウンセリングは成立しません。

そこで、心理療法の1つである来談者中心療法等をベースに、スピリチュアル・カウンセラーにとっての「カウンセリング」の実際の技法をお伝えしたいと思います。

すでに何かしらの講座で来談者中心療法を学ばれた方は、復習と思って目を通してください。

2　なぜ、傾聴は大切なのか？

傾聴とは、クライアントの発言に対して、耳をじっと傾けることです。

しかも、単に聞くのではなく、クライアントを受け止め、話を引き出しながら、共感的に耳を傾けることです。

来談者中心療法の特徴は、
先述した「傾聴」をメインにカウンセリングを進めるというものです。
つまり、一般に想像されるような、
クライアントが話をして、カウンセラーが静かに耳を傾ける……というものですね。
では、なぜ傾聴が必要なのでしょうか?

傾聴の意義を一言で言えば、
「クライアントの感情や想いに十分共感したうえで、
クライアントと同じ立場で耳を傾ける」ということです。

その理論は後述しますが、
傾聴を通して私達スピリチュアル・カウンセラーはクライアントに対して
「安全で、本当の自分自身でいることの出来る時間・あるいは安心出来る関係」を提供することが出来ます。

その中でクライアントは、自らの体験を話しながら、同時に自分の内側にある様々な思いに触れていきます。


例えば、妻子ある男性と付き合っているという不倫のケースなら、最初に浮かんでくるのは「彼はいつ奥さんと別れて私を選んでくれるのか?」ということになるかもしれません。

しかし、傾聴を通してクライアントは自分の内側にある様々な思いに触れていきます。

彼が週末に家族と過ごしているであろう時間の寂しさ、不倫の罪悪感、彼に対する不信感、自分はこれで良いのだろうかというスピリチュアルなテーマ……。

そうした内面に触れることによって、クライアントは気づきと成長を手にすることが出来るようになるのです。


逆説的ですが、**「ありのままの自分でいても良い」、という環境があるからこそ、クライアントは気づきと成長という変化を遂げていくのです。**

そして、

それを後押しするのが「傾聴」に代表される来談者中心療法のアプローチなのです。来談者中心療法のアプローチはスピリチュアル・カウンセリングを行う上で非常に役立つスキルなので、ここではそのポイントを解説します。

この来談者中心療法には、カウンセリングの在り方として6つの条件があり、そのうちの3つが「中核3条件」と呼ばれています。

その中核3条件とは「自己一致」、次に「無条件の受容」、最後に「共感的理解」です。

この3条件を理解するために、残りの3条件を加えた全体像を、来談者中心療法を提唱したカール・ロジャーズの論文から見ていきましょう。少し長くなりますが、彼の論文から引用します。

　建設的なパーソナリティ変化が起こるためには、次のような諸条件が存在し、しばらくの期間存在し続ける事が必要である。

（1）2人の人間が心理的な接触を持っていること。
（2）第一の人（クライエントと呼ぶことにする）は、不一致の状態にあり、
　傷つきやすく、不安定な状態にあること。
（3）第二の人（セラピストと呼ぶことにする）は、
　その関係の中で一致しており、統合していること。
（4）セラピストは、クライエントに対して無条件の肯定的配慮を経験していること。
（5）セラピストは、クライエントの内的照合枠を共感的に理解しており、
　その経験をクライエントに伝えようと努めていること。
（6）セラピストの共感的理解と無条件の肯定的配慮が、
　最低限クライエントに伝わっていること。

他のいかなる条件も必要ではない。この六つの条件が存在し、
それが一定の期間継続するならば、それで充分である。
建設的なパーソナリティ変化のプロセスがそこで起こってくるであろう。

（H・カーシェンバウム／V・L・ヘンダーソン編　伊東博・村上正治＝監訳
『ロジャーズ選集（上）』誠信書房より抜粋）

この中で（3）〜（5）が中核3条件となります。

この内容で重要な点を解説していきます。

まず、（1）の心理的接触ですが、これはスピリチュアル・カウンセラーだけでなく、クライアントも心理的にオープンな状態になっていることを表します。

まず、双方ともがスピリチュアル・セッションにおいては、この状態に至ることが求められます。

というのは、スピリチュアル・カウンセラーはともかく、クライアントの場合はどうしても頭の中は悩み事でいっぱいですし、その「出来事」をどうしたらいいのか、ということにフォーカスしているからです。

つまり、クライアントがカウンセリングを受ける状態になく、心理的にオープンになっていないことが多いんですね。

そのため、

この段階ではスピリチュアル・カウンセラーの「関わり方」が重要になってきます。

具体的に言うと、**クライアントの話に耳を傾けながら、よりクライアントが心理的にオープンになるように促していくのです。**

実際の流れとしては、多くは占いを用いることが前提となるため、占いの最初の結果を伝えた後、クライアントとの関わりを通して、クライアントの心理面をオープンにしていきます。

実際の流れは次の通りです。

スピリチュアル・カウンセラー（以下『ＳＣ』）

「……これが鑑定結果の大枠ですが、何か気になることはありますか？」

クライアント（以下『ＣＬ』）

「じゃあ、彼はいま、私に連絡をするつもりはない、ということなんですね」

SC

「残念ですが、当面は彼のほうからの連絡は難しい状況ですね。

①…これについて、どう思われますか？」

OL

「彼はもう、私には関心がないのかな、と……」

SC

「②関心がない……」

CL

「ええ。もう、私のことはどうだっていいと思っているんですかね」

このように、①クライアントの発言を促しながら、②クライアントの話した言葉を繰り返すことによって、クライアントがさらに心の内側の話をするように促し、心理的にオープンにしていきます。

クライアントの語った言葉を、私達が同じように繰り返すことは、その繰り返した言葉を踏まえて、さらにクライアントが心の中にある思いを言葉にするよう、促進する効果があります。この繰り返しによって、クライアントは心理的にオープンな状態になっていきます。

次に（2）のクライアントの不一致について見ていきましょう。

クライアントの不一致とは、
クライアント自身が内面で葛藤を抱えていることを表しています。
具体的に言うと、「私は○○だ」と自分が自分に対して持っている認識（これを『自己概念』と言います）と、実際の経験が異なっているのですが、そのことについてクライアント自身が認識していないため、不安や混乱が生じている状態を指します。

具体的な例を挙げましょう。次ページの図をご覧ください。

例えば、女性のクライアントは幼少期のころより親から否定され続けて、その結果「私には何の取り柄もないし、どうせ仕事でも恋愛でも上手くやれないんです。その証拠に、今まで全て失敗ばかりでした」という自己認識をもったとします。

これが自己概念の（Ⅱ）に該当します。

しかし、この概念はあまりに極端に歪曲されています。

図1

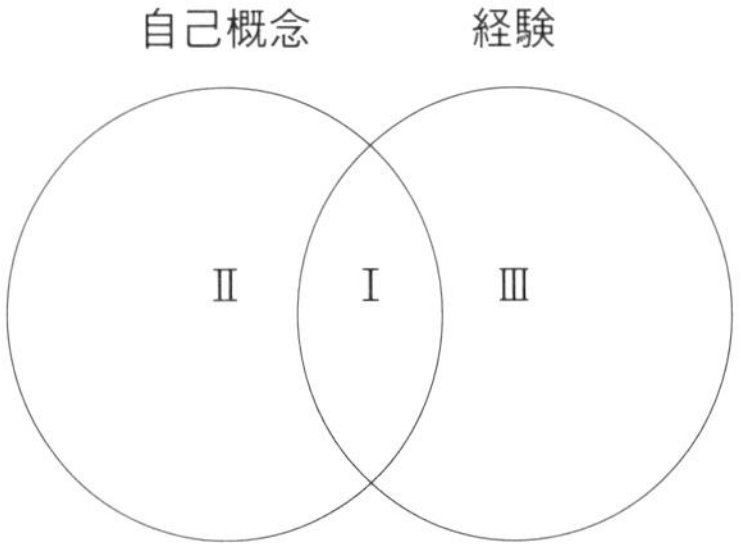

　というのは、親からの否定が客観的に正しいはずがなく、また全てにおいて文字通り失敗し続けるのは、到底無理な話だからです。
一方、経験（Ⅲ）においてクライアントは、成功も失敗も経験しています。その中の失敗は、彼女の自己概念とマッチしますから、Ⅰに入ることになります。
しかし、彼女は（当然ですが）成功経験もあります。が、それは彼女の自己概念と一致しないので、意識に上ることはありません。仮に意識に上るほど、明確な体験であった場合、その自己概念にマッチするように歪曲されま

す。例えば、素晴らしい彼氏が出来たとしても、
「どうせ私はいつか彼に落胆されてフラれるんだ」というように考えます。
このように、せっかくの成功体験はⅢに押しやられてしまい、
クライアントの意識に上らないようになってしまいます。

ここで注意が必要なのは、
自己概念と相反する体験や出来事は、自己概念の脅威になる、ということです。

先述した素敵な彼氏が出来たという出来事は、彼女にとって自己概念と一致しないので、自己概念にとって脅威になります。そのため、それが脅威にならないように出来事や行動は粉飾され歪曲され続けるのです。例えば、彼氏が実に誠実な人間性を持っていても、それを信じない、裏があるに違いないと解釈するようになります。
相手の誠実さに対して脅威を感じるということは、
クライアントはその脅威によって傷つけられる可能性に敏感になっているわけですから、
彼女は傷つきやすい性質を持っているということになります。

次は、（3）のカウンセラー側の一致ですね。

この一致という概念は難しく、実際にこのテーマだけで1冊の本が出来上がってしまうくらいなのですが、分かりやすく言うと**カウンセリングという空間あるいはプロセスにおいて、カウンセラーはクライアントの声から伝わる感情や想いも含めて丁寧に聞きながら、クライアント自身の視点や立場に立ち、そこで浮かんでくる自分自身の声にも耳を傾ける、というプロセスを指します。**

つまり、カウンセラーはクライアントになりきり、クライアントの心の奥にある声にならない想いに意識を向けながら、同時にクライアントとの関係において自分の中で浮かんでくる想いにも意識を向けるという、ある種矛盾しているプロセスを継続する、ということを意味します。

なぜ、これが治療的な意味を持つかというと、この一致というものは、ある意味でカウンセラーが自分自身に対して、受容と共感理解を示すことを意味しています。するとそのカウンセラーの態度がやがてはクライアントにも伝わり、クライアントが自らに対して受容的かつ共感的理解が出来るようになっていく、というプロセスが生じるからです。

また、クライアントの話に耳を傾けながら、カウンセラーは自分の中に生まれる感覚にも意識を向けることで、クライアントよりも深い気づきを得ることが出来ます。

それを、後述する（6）によってクライアントに伝えることで、カウンセリングはより深いものへとなっていきます。

こうしたカウンセラーの態度が、

クライアントの自己不一致な状態から統合へと向かっていく原動力になるのです。

次の（4）の無条件の肯定的配慮ですが、

分かりやすく「受容」という言葉でまとめられることの多い概念です。

ここでポイントとなるのは、受容がクライアントに対して「無条件」であることと、**その無条件の受容をカウンセラー自身が体験していることです。**

無条件というのは、文字通り何の条件も付けずにクライアントを温かく受け入れる姿勢であり、1人の独立した人間としてクライアントを尊重することを意味します。

つまり、クライアントがどんな感情を表現しても、それをあるがままに受け入れる……という態度のことを指します。

また、受容をカウンセラーが経験するというのは、カウンセラー自身がカウンセリングの中で生じる様々な感情や想いを取捨選択するのでなく、無条件に受け入れている状態を指します。

これによって、カウンセリングが進行するにつれてクライアントが感じざるを得ない不安や恐怖を緩和し、安心感をカウンセラーが提供することでクライアント自身が自分に対して無条件の受容が出来るようになるのです。

（5）は共感的理解です。

クライアントの「内的照合枠」とは、クライアントの価値観や考え方、感じ方等、クライアントの内面の世界を意味している言葉です。

同じ体験をしても、感じ方や考え方は、人によって全く違います。

共感的理解とは、
クライアントの話に耳を傾けながら、クライアントが感じ考えているように、
同じ価値観と視点に立ってクライアントの経験を理解し、
それをクライアントへ伝えようとしている、ということです。

共感的理解をクライアントに伝えることによって、クライアントは自分自身の想いが理解されたと感じることが出来ます。と同時に、その理解されたという想いを手掛かりに、クライアントはさらに自分の奥深くにある想いに意識を向けていくことが出来るのです。

（6）ですが、カウンセラー側がいくら共感的理解と無条件の肯定的配慮（受容）を行っていても、それがクライアントに伝わっていなければ、カウンセリングとしては意味がありません。

そのため、**カウンセラーは（3）のところで、クライアントの話を通して微細な心の動きまでを丁寧に聞き、同時にカウンセラー自身もクライアントの話から自分自身の内面に浮かんでくる微細な心の動きに意識を向け、そしてその内容やクライアントに肯定的配慮（受容）を行いながら、共感的理解としてクライアントに伝え返していくのです。**

ここまで、来談者中心療法における6つの条件をお話ししました。
はじめて目にされた方にとっては、非常に複雑に映ったのではないでしょうか。
そこで、少し私なりに内容を整理しながら、
実際のスピリチュアル・カウンセリングでの応用について考えてみたいと思います。

3　来談者中心療法の スピリチュアル・カウンセリングへの応用

まず、私達が理解しておくべきことは、
クライアントとのラポール（信頼関係）の違いです。
ラポールには種類があり、その種類によって私達はコミュニケーションをしています。

そして、**ラポールが双方ともに異なる場合は、コミュニケーションが成立しない、という性質があります。**

例えば、私は妻に占いをすることは出来ますが、「(妻に対する) 心理カウンセリングをしろ」と言われると、相当に難しく感じます。これは、私と妻との間に「夫婦としてのラポール」はあっても、「カウンセリングをする」ラポールは存在していないからです。

同様に、私達のところに来るクライアントの多くは、占いを目的にしているケースが大半です。となると、占い師とクライアントというラポールの構築は比較的早く出来ます。しかし、心理カウンセリングをするというラポールは構築されていません。

私達の人間関係は全て、ラポールの種類によって決まってきます。

友人関係のラポールに恋愛関係のラポールを求めるのが難しいように、占いを念頭に置いているクライアントに心理カウンセリングのラポールを構築するのは、すぐには難しいのです。

よって、クライアントとの心理的接触ですが、実際のセッションの場合、クライアントは心理的な接触を持つというカウンセリングの心の準備が出来ているケースは少数です。

多くの場合、クライアントは自分の内面よりも「これからどうなるのか？」「私はどうしたらいいのか？」「相手は何を考えているのか？」という3つの問いに集約される、クライアントにとって最も身近な問題に意識が向いています。

それに対して、いきなりカウンセリング的な対応をすると、クライアントとの間にラポールのミスマッチが生じます。

そのため、**私達スピリチュアル・カウンセラーは、クライアントのそうしたニーズに丁寧に応えながら、少しずつ心理的接触を図っていくようにする必要があります。**

多くの失敗しているスピリチュアル・カウンセリングを見ていると、このラポールの掛け違いによって問題が生じています。**つまり、心理的接触を念頭に置いていないクライアントに、いきなり「気づき」や「手放し」「引き寄せ」等のワードを使いながら、スピリチュアル・カウンセリングをしてしまうというミスです。**

ラポールの形成は急ぐべきではありません。占いを期待しているクライアントが、いくら心理的・精神的な問題を抱えているにしても、いくらスピリチュアリティに問題があるにしても、まずはクライアントのニーズを満たして必要なラポールを形成し、その後徐々に心理的接触が可能なラポールを形成していけばいいのです。

心理的接触が可能になったという合図は、クライアントが自らの感情をほんのわずかでも話しだしたときです。その時、あわてずにじっくりと聞く姿勢を保ちながら、クライアントの感情に対して応答していきます（応答の具体例は次章にて解説します）。

私達が常に念頭に置いていなければならないのは、「クライアントが傷つきやすい状態にある」ということです。占いの結果は結果としてはっきり伝える必要がありますが、しかし仮にネガティブな結果を伝えるにしても、人として最低限のデリカシーを持ってクライアントに臨むべきです。

そして、クライアントの話に耳を傾けながら、一方で私達スピリチュアル・カウンセラーは自分自身の内面に起こる微妙な変化や想いなどにも意識を向け続けます。

その中で「このクライアントはどこに導かれようとしているのだろう?」という問いを常に頭の中に置いておく必要があります。

第六章でチャネリングについても解説するのですが、この問いを持ち続けることで、インスピレーションやビジョンが見えてくる、ということもあるでしょう。

見えたからといって、クライアントの話をさえぎったり、急にカウンセリング的な対応から、スピリチュアルな内容を「教える」ような形になってしまうことは避けるべきです。

そして、十分にクライアントを受け止め、さらにクライアントの話した内容や、クライアントが感じているであろう感情、抱えているであろう重荷などを丁寧に伝えていきます。

次に十分にクライアントを受容し、共感的に理解しているということが伝わった後、

「クライアントに対して、チャネリング等で得たメッセージを伝えていく」という流れになります。

カウンセリングの具体的な流れについてはイメージ出来ましたでしょうか？

次は、実際のカウンセリングの技術についてお伝えします。

第四章

カウンセリングの具体的な技術について

1　クライアントの3つの段階について

私達スピリチュアル・カウンセラーにとっての「武器」は、インスピレーションと言葉です。

インスピレーションについては直観力覚醒メソッドの章でご説明するとして、まず「言葉」について考えていきましょう。

第三章でお話ししましたように、私達はクライアントの話に対して傾聴をし、その傾聴を通してクライアントの内側にある様々な思いに触れるというプロセスを踏みます。

このプロセスは決定的に「言葉」、つまりコミュニケーションに依存しています。

というのは、私達はコミュニケーションを通して、クライアントを徐々にカウンセリングのモードへと誘導するからです。

このとき重要になるのは、クライアントとの関わり方です。というのは、前章でお伝えした「傾聴」の最も基本となるのは、この「関わり方」だからです。

スピリチュアル・カウンセラーの関わり方でクライアントの状態も変わってきます。

クライアントの状態は、大きく分けて次の３つの段階があります。

まず、**クライアント自身が抱えている問題を、**

自分自身の問題ではなく、相手の問題とみなしている状態。

この状態のときは、クライアントは自分の悩みをスピリチュアル・カウンセラーにどうにか解決してもらおうという段階です。

次の段階は、**問題の解決へ向けてどのような「方法論」があるのかを検討する段階です。**

この段階では、例えばどのタイミングでＳＮＳを使い、どのようなメッセージを送るか、というような解決のためのテクニカルな問題が議論されます。

最後は、**そもそもこの悩みが何を意味しており、そして、それがクライアント自身にとってどんな意味があるのか、という段階です。**この段階では、クライアントは自分自身のこれからや、今の自分自身にとっての悩みの意味など、自分の内側から来る感覚に優しく触れ、浮かび上がってくる言葉やイメージを大切に扱い、それを1つ1つ言葉にしていきます。

そうした「自分の内側の感覚やイメージを言葉にしていく」というプロセスを通して、クライアントはより深く自分を見つめなおして、その悩みの意味をじっくりと検討していき、気づきを得ることが出来るようになります。

実際に厳密な意味でのカウンセリングは……この3番目で行われるのですが、「関わり方」は全ての段階で共通します。

では、どのような関わり方をすればいいのでしょうか？

2　全プロセスに共通する「関わり方」

スピリチュアル・カウンセリングにおけるクライアントとの基本的なコミュニケーションを、ここでは「関わり行動」とします。

関わり方には、大きく分けて4つのポイントがあります。

(1)　柔らかい視線をクライアントにそそぐ

対面でのセッションで、時折クライアントと視線を交わさない方もいらっしゃいますが、そうした対応はおススメ出来ません。確かに、視線を正面から合わせると、クライアントはスピリチュアル・カウンセラーに脅威を感じるでしょう。しかし、だからと言ってクライアントを見ないというのは、ラポールを形成する上でも問題がありますし、何よりもクライアントが受ける印象が良くありません。

「私はあなたを受け入れていますよ」というメッセージを伝える最初の一歩が視線を交わ

することなのです。

この場合の視線の交わり方ですが、若干ソフトフォーカスしてクライアントの顔だけではなく全身を見るような柔らかい視線を相手へ向ける、という方法が効果的です。これだけでも、クライアントに安心感を与えることが出来ます。

(2) 非言語的に受容を相手へ伝える

私達のコミュニケーションの大半は非言語、つまり言葉以外の要素に大きく影響を受けます。

例えば……言葉遣いが丁寧でも、椅子にだらけた姿勢で座っているなら、良い印象を持つことは困難です。

そのため聞く際の姿勢はとても大切です。

ここで、注意が必要なのは、電話などのオンラインでのセッションです。

オンラインでのセッションも実は姿勢はクライアントにかなりの部分、伝わっています。

私達も電話をしている時、相手がどんな姿勢で話をしているのか、だいたい想像がつきますよね。それと同じで、オンラインであっても、聞く姿勢をきちんとすることは重要です。

なお、ＮＬＰ（神経言語プログラミング）では、ペーシングと言ってクライアントの動作にカウンセラーが合わせる、という技法があります。

例えば、「クライアントが水を飲んだら、カウンセラーも（あわせて）水を飲む」というものです。

「こうすれば、ラポールが素早く築ける」とＮＬＰで説いている文献もありますが……これは大きな間違いです。

というのは、動作の安易な模倣はクライアントにとっては単に不可解で不愉快なだけだからです。試しに、自分の目の前に、自分の動作を１つ１つ真似る人がいたらどんな気分になるか、想像していただけるとお分かりになると思います。

セッションが中盤に差し掛かるにつれて、ラポールが出来上がっていると、

実はペーシングは自然と発生するものです。

その、自然に発生するペーシングを人為的にするというのは、効果的でないばかりか、

クライアントとのラポールを断ち切る要因になってしまいます。
そのため、私は意図的にペーシングをすることは推奨していません。

(3) うなずき・相づち、言語的な追跡

相手の話を聞いているとき、私達はうなずいたり、相づちを打ったりしますよね。これは普通なのですが、**より「聞いてもらっている」という印象をクライアントに与えるには、うなずきのバリエーションが大切です。**

バリエーションは大きく分けて2つあり、軽く「うん、うん」とうなずく場合と、大きく「う～ん」とうなずく、というものです。

ここで大切なのは、クライアントの会話を妨げないように、リズミカルに行うことです。リズムがつかめてきたら、クライアントも話しやすくなるという効果があります。たった2つですが、これを使いこなすだけでも、クライアントに「あなたの話を聞いていますよ」というメッセージを伝えることが出来ます。

次に相づちですが、これは「うん、うん」という以外の言語的な要素を加えるものです。

例えば、「ほぅ」「なるほど」「そうなんですね」というものです。

基本的なうなずき以外に言語的な相づちを入れることで、さらに「私はあなたの話を積極的に聞いています」というメッセージを発することが出来ます。

また、言語的な追跡も大切です。言語的な追跡とは、クライアントが語った内容を私達が返すというものです。よくカウンセリングの世界では「伝え返し」と言います。

例えば……、

クライアント
「彼からの連絡が、もう3週間もないんです」
スピリチュアル・カウンセラー
「3週間も……」
というものですね。

この技術は第三章でも軽く触れましたが、
この言語的追跡は、クライアントのさらなる発言を促すという意味で重要です。

一般的に、クライアントは「伝える側」、
スピリチュアル・カウンセラーは「受けとる側」と捉えられがちです。
しかし、**関わり方については全く逆で、スピリチュアル・カウンセラーが、**
「あなたの話を聞いていますよ」という情報を発信し、
クライアントはそれを受け取って、さらに話が続いていく……と考えるのが正解です。
そうした意味で、常に積極的にクライアントの話に耳を傾けるという「積極的傾聴」が、
スピリチュアル・カウンセリングでは求められます。

⑷　声のトーンを合わせる

セッションでは、声のトーンを合わせることが重要になってきます。
最初の挨拶の段階では快活な姿勢を見せ、セッションが始まったらクライアントよりもトーンを同じか一段下げることで、クライアントが話しやすい雰囲気が生まれます。

私がセッションでこだわっているのは、この声のトーンです。
というのは、受容の姿勢が一番伝わるのは、この声のトーンだからです。
(2)でお話しした非言語的な対応に、この声のトーンが加わると、グッと受容の姿勢が鮮明になります。
さて、これらがセッションを貫く基本的な関わり方です。
これらの点を踏まえながら、
さらに発展的なカウンセリングのやり方を見ていきましょう。

3　クライアントへの質問

先ほどまで、クライアントとの最低限の関わり方をお伝えしました。

その関わり方をベースとして、私達スピリチュアル・カウンセラーは様々な技法を用いてクライアントへの洞察を深めていきます。

そのために重要となるのが、クライアントへの質問です。

まず、前提としてお伝えしたいのは、**セッションの初期、つまり鑑定結果を伝える前の質問は、最小限に抑えるべき、という点です。**

クライアントからあれこれと情報を聞き出して、そのあとで鑑定結果を伝える……ということになると、クライアントからすれば、「自分が言ったことから導き出せる内容でしかない」という印象を与えてしまいます。

繰り返しになりますが、

クライアントはスピリチュアル・カウンセリングも占いもあまり区別していません。

となると、スピリチュアル・カウンセラーといえども、「確かにその通りだ」と思わせなければなりません。つまり、最初にクライアントに伝えるメッセージが、クライアントにとって納得出来るものであることが大切なんですね。

となると、鑑定結果を伝える前段階での質問は「なし」にするか、あるいは3つくらいに焦点を絞って質問するのが妥当です。つまり、少ない判断材料から、クライアントの抱えている問題に対して、一筋の光をきちんと当てる必要があるんですね（この辺の技術は第六章で詳しくお話しします）。

その上でクライアントとスピリチュアル・カウンセラーは、さらに問題を深掘りし、解決策を見出す情報やクライアントの気づきを促していく……という流れになります。

整理すると、鑑定結果を渡す前と渡した後では、質問のボリュームが異なり、渡す前は最小限の3つ程度の質問、渡した後は、情報の収集やクライアントの気づきを促す質問を多用していく……という流れになります。

では、どのようにしたら、
情報の収集やクライアントの気づきを促す質問が出来るのでしょうか？

まず、質問の形式は大きく分けて2つあります。オープンクエスチョン（開かれた質問）とクローズドクエスチョン（閉ざされた質問）です。
前者は、イエス・ノー以外の答え、つまり自由に答えてもらう形式の質問です。
いっぽう、後者はイエス・ノーで答える質問です。

これらの質問は「どの場面で使うか？」が重要です。

私の場合は、セッションの序盤はクローズドクエスチョンでリズムを作り、クライアントとのラポール作りのきっかけにします。
そして、ある程度リズムがつかめたら、オープンクエスチョンに移行して、自由にクライアントに話をしてもらう……という方法を用いています。

次に、オープンクエスチョンには、３つの形式があります。

すなわち、「～はどう？」「～は何？」「～を詳しくお話しください」というものです。

１つずつ、詳しく見ていきましょう。

(1)「～はどう？」の質問形

「最近の彼との関係はどうですか？」「最近、お相手の方とトラブルがあったようですが、どうですか？」「相手の言動をどう感じましたか？」「その時の気分はどうでしたか？」

このように、「～はどう？」の質問は、
状況の変化やクライアントの感情や気分を話すように誘導するものです。
この質問方法は、使える場面が非常に多く、情報を収集したい場面だけではなく、
クライアントの感情や、クライアントが無意識のうちに焦点を当てている問題を浮き彫

りにしてくれる効果があります。

(2)「〜は何?」という質問形

「いまの困りごとは何ですか?」「一番気がかりなものは何ですか?」

「その時、彼は何と言っていたんですか?」「いま、一番解決したい問題は何ですか?」

「相手に何を変えてもらいたいですか?」

この、「〜は何?」という質問は、1と同様にクライアントが焦点化している問題を浮き彫りにするだけでなく、クライアントがより主体的に自由に答えられるので、クライアントの考えや感情が良く理解出来るという特徴があります。

(3)「〜を詳しくお話しください」という質問形

「どうしてそう思われるのか、詳しくお聞かせいただけますか?」

「そうなった理由について、思い当たることがあれば、詳しくお話しください」

「その問題を解決したい理由について、詳しくお話ししてください」

この質問は、クライアントの問題や課題、テーマをより深く掘り下げて、クライアントの気づきを促す効果のあるものです。

というのは、焦点化されたテーマに対して、「その点を詳しく」という質問をすると、クライアントは自然と自問自答し、その自問自答が自らを見つめなおすことに繋がり、それが気づきに繋がるからです。

逆に心理カウンセリングでもスピリチュアル・カウンセリングでも、避けたほうが良い、あるいは多用しないほうがいい質問があります。

それは**「〜はどうして？」という質問です。**

例えば……。

「彼と別れたのは、どうしてですか？」「その行動が出来ないのは、どうしてですか？」

「自分に自信がないのは、どうしてですか？」「どうして、それが問題なのですか？」

「相手から連絡が来ないのは、どうしてだと思いますか？」というものです。

この質問を避けたほうが良い理由は、まず「～はどうしてですか？」という質問が尋問のようにクライアントに聞こえるのと、「～なのはどうしてですか？」という問いに対して、「それを占うのがあなたの仕事でしょ？」というクライアントの反応が返ってくること、そして最後に、この質問は理由に対する質問なのですが、その理由に答えられないクライアントが大半だからです。

例えば「彼と別れたのは、どうしてですか？」という質問だと、そもそもクライアントに別れる理由があるかのように聞こえるという意味で尋問的ですし、「それを知りたいからセッションに来ているんです」というクライアントの反応が返ってくることは間違いないでしょう。

さらに、別れた直接的な原因はクライアントも理解しているものですが、そもそもの理由である「なぜ別れに至ったのか」という疑問は、当事者でも理解出来ていないことが多い……ゆえに、答えにくいものなのです。

そうした理由から、「〜はどうして？」という質問は可能な限り避けるほうが賢明です。

4　要約について

この章の最後に、
カウンセリングの技法として重要な要素である「要約」について触れたいと思います。
要約とは、**相手が言った大切な部分の言葉を短縮し、短くまとめたものです。**

具体的には、次のようになります。

クライアント
「私は前から、彼から連絡がなかなか来ないのが悲しかったんです。
まるで、私のことをどうでもいいと思っているような気がして」

スピリチュアル・カウンセラー
「連絡が来ないと悲しい思いになるし、ご自身（クライアント）のことを、（彼が）どうでも良いと思っているのでは……と思われるのですね」。

これは少し長い要約ですが（これを『大要約』と言います）、こうした要約をすることによって、クライアントの言葉をスピリチュアル・カウンセラーは「十分理解している」ということが伝わるのと……それをベースにして、クライアントがさらなる内面の洞察が出来るようになること。さらには、クライアントが「自分で話した内容を聞くことによって、自己を客観的に見つめなおせる」という効果があります。

また、要約は必ずしも「一言一句間違えてはならない」ものではありません。
例えば……要約のニュアンスが違う場合、クライアントの訂正が入ります。
その「訂正する」という作業によって、
クライアントは内側にある感情的な感覚や考えを、
正確に理解出来るという効果があるからです。

完全に誤った要約は問題ですが……ニュアンスの違いや、話した内容が前後する程度のことまでは、神経質に考える必要はありません。

さて、要約には、「小要約」と「中要約」、そして「大要約」という3つのレベルがあります。

小要約とは、いわゆる「オウム返し」と呼ばれるものです。

例えば……。

「彼は今年に入ってから全然連絡をよこさなくなったんです。でも、都合の良いときだけ連絡をしてきて、こちらの都合を無視して会おうといってくるんです。普段は連絡もくれないのに」

という話があった場合……。

「普段は連絡がないのに、都合の良いときだけ連絡してくる……」

という伝え返しをします。

こうした伝え返しをすると、クライアントはさらに自分に起こっている出来事を話すでしょう。もし、そこで話が止まったら、適切な質問をして、話を促しましょう。

例えば、この会話の流れだと……。

「そうした彼に対して、どんな気持ちを抱いていますか？」
「連絡が来たとき、どんな気持ちになりますか？」
「そうした彼をどう思いますか？」
「どのような連絡が理想ですか？」

というものがあるでしょう。

つぎは「中要約」です。

中要約とは、ひと通りクライアントの話が終わったころ……つまり、特定のテーマでクライアントが話をして、そのテーマが一段落ついたときに行う要約です。

話をしているクライアントは、感情のままに思いつくまま話しているので、自分がどのような話をしたのかを正確には理解していません。

そこで、スピリチュアル・カウンセラーが適切にそのテーマの要約をすることによって、改めて自分自身が話したことを理解すると同時に、その話の中にある気づきの要素に触れることが出来るようになります。

中要約を具体的に言うと……。

「少し整理をしますね。彼は今年に入ってから連絡もしなくなりました。
でも、ＳＮＳでは頻繁に自分の情報を載せているし、他人の投稿に『いいね！』も付けている……けれど、あなたのＳＮＳには全く無反応。そのくせ、自分の都合の良いときに連絡をしてくるというわけですね」

というように、このくらいの長さのセンテンス（概ね15秒程度）の要約になります。

そして最後が「大要約」です。

大要約とは、クライアントが様々なテーマをひと通り話し終えた後に、それらのテーマを整理して伝え返しをするものです。

この大要約によって、クライアントの思考が整理され、いま一度クライアントが自分の内面を見つめなおすきっかけになると同時に、スピリチュアル・カウンセラーが「丁寧に話を聞いていた」というメッセージを伝えることになります。

大要約を具体的に言うと……。

「いったん整理しましょう。ご自身（クライアント）は今まで彼の言動に合わせてきた。

会いたいと思うときに会えないこともガマンしてきたし、ケンカになったときも、あなたのほうがいつも折れていた。なのに、彼はあなたに約束してきたことをことごとく破り、そのうえ、会うことも避けるようになってきた……ということですね」

というように、概ね15～20秒のボリュームで伝え返しをします。

5　要約の活用法

要約をした際に、多くは「そうなんです……」という反応が返ってきます。

こうした反応が返ってきた場合、質問をして話を促すことが、クライアントにとって、一番の気づきに繋がります。

例えば、先ほどの大要約の後に……。

「それ程苦労されているのに、彼との関係を考えるのは、単なる〝好き〟以外のお気持ちがあるかと思いますが、いかがでしょうか？」

という質問をすると、その関係に対する執着や未練、もしくは、クライアントが相手に投影している理想などが出てきます。

そうした要素はクライアントの「本当の自分はどうありたいか・どうありたくないか」という所に繋がる気づきを促すだけでなく……第三章でお話ししたように、「自分はこんな人間なんだ」という「自己概念」と、実際の経験とが統合され、不一致の問題から解放されるようになっていきます。

カウンセリングのそもそもの目的は、もちろん問題解決もあるのですが、不完全で自信を失っている自分自身を許し、受け入れるという目的もあります。

人は、自分自身を受け入れれば、受け入れた分だけ、本当の自分自身であることが出来ます。

なぜなら、クライアントが経験していることに「問題」というレッテルを貼り、それを受け入れようとしないから、問題は問題として存在します。
しかし、そうした問題も含めて受け入れることが出来れば、もはやそれは問題ではなくなります。

相づちと要約を丁寧に繰り返せば、クライアントの、「問題を聞いてもらいたい！　理解してもらいたい！」というニーズは満たされます。
ニーズが満たされると、クライアントは「聞いてもらいたい！　理解してもらいたい！」という欲求が減るので、あとは自分を見つめなおすモードに入れるようになります。
そこで、クライアントなりの解決方法を、クライアント自身が見つけることが出来るようになるのです。

しかし、全員がそのように解決方法を見つけることが出来るかと言えば、そうではありません。どうしても問題を解決したいというクライアントも珍しくありません。

そこで、次の章では、問題解決の方法を取り上げたいと思います。

第五章

クライアントの抱えている問題を考える

1　クライアントの抱える問題の種類とは？

クライアントがスピリチュアル・カウンセリングに持ち込む相談の大半が、人間関係や健康、お金……といった「人生相談（と、いうのは少々大ざっぱな表現かもしれませんが）」の類いです。

そして、スピリチュアル・カウンセラーのブランディングや立ち位置によって相談内容に大きな偏りはありますが、**普通にスピリチュアル・カウンセラーとして活動していると、どうしても人間関係や家庭の問題、金銭的な問題や恋愛相談が多くなる傾向があります。**

人間関係の問題が多いのは、おおむね想像がつくでしょう。私達は社会を前提として、存在していますから……どんな問題であれ、人間関係は必ず絡んできます。

例えば、私はベースを弾くのですが……お世辞にも、上手いとはいえない腕前です。

「じゃあ、どこかに習いに行けば？」となったさい、それこそ「ベースが下手」という話から（笑）、「どのスクールの、どの先生に習えば良いのか？」「先生との相性は？」という悩みに発展していきます。

このように、どんな問題も人間関係が絡んだものが多いのですが……しかし、恋愛の相談のみが、クローズアップされてしまうのはなぜでしょうか？

それは、恋愛は非常に私的な領域の問題で痛みの度合いも大きいからです。

恋愛は、最も私的な部分を相手と共有します。そして、女性の場合は（良くも悪くも）恋愛で受ける影響は男性に比べて大きいのが実情です。なぜなら、誰を伴侶にするかによって、キャリアや結婚、子育ての環境が大きく変わってくるからです。

これは非常にセンシティブな問題なのですが、残念ながら恋愛では女性は男性よりもより大きなリスク（結婚や子育てによるキャリアの中断、出産等）を背負います。そして、恋愛は女性の将来設計に大きな影響を与えます。

そのため、その恋愛が未来においてどのようになるのか、成就するのかどうかは時間のリミットもあるため、女性にとっては大きな関心事となります。

こうした恋愛相談を友人にする方も多いのですが、その友人も恋愛の専門家ではありませんし、まして相手がクライアントをどう思っているか、という点は分かりようがありません。さらに、未来がどうなるか、という点については、友人では全くのお手上げです。

それがゆえに、第三者の意見を述べる立場であるスピリチュアル・カウンセラーが必要とされるのです。

こうした人間関係や家族の問題、恋愛の問題では……多くの場合、占いの性質が着目されます。つまり、占いが持つ「現状は客観的にどうなっているのか?」「未来はどうなるのか?」という点に光を当てることが出来る、という性質です。

スピリチュアル・カウンセラーであっても、

こうした問題と無縁ではいられないのは、ここに理由があります。

クライアントが知りたいのは、「(問題視している相手が) 何を考えているのか？」そして「今後どうなるのか？」それから「どうしたら、解決するのか……？」という点であり、「専門家」として思い浮かべるのが、

占い師やスピリチュアル・カウンセラー……というわけなのです。

スピリチュアル・カウンセラーは占い師同様、クライアントの「相談に乗る」ということが活動のメインとなります。スピリチュアル・カウンセラーとして引き寄せやアセンション等の情報発信をYouTubeやブログで発信していても、スピリチュアル・カウンセラーのキャッシュポイント、つまり収入の源は相談業務です。

しかし、スピリチュアル・カウンセラーが占いと違う所は、よりクライアントの「自己実現」に重点を置くことです。

たとえ相談業務の窓口が占いであっても、スピリチュアル・カウンセラーはクライアン

トが「どんな自分自身でありたいのか」という点を常に意識します。

つまり、相談の切り口が、例えば人間関係や恋愛等であっても、逆にそうした問題だからこそ、クライアントの「生き方」「在り方」にウェイトをおいてセッションを行うということが重要となります。

2　クライアントの問題との向き合い方とアドバイス

では、クライアントの「生き方」「在り方」という問題と、私達はどう向き合えばいいか？　ということになりますよね。

私達はクライアントにとっての先生でも、何かの宗教の教祖でもありませんから、私達の価値観や考え方をクライアントに押し付けて解決を図る、ということはしません。

もちろん、スピリチュアル・カウンセラー側に解決に向けての原理原則があるのは望ましいことですし、逆になければ話にならない、ということだってあるでしょう。第二章でお話ししたように、スピリチュアルな問題というのは、因果関係ではなく「意味」を問うということです。となると、**クライアントの問題を「意味付けする」原理原則や理論を持っていないと、スピリチュアル・カウンセラーとしては活動出来ない、ということになります。**

では、その原理原則とは何かといえば、例えば、（私のスタンスではありませんが）クライアントの問題を全て前世のカルマ、という観点から解釈し解決を図るというのが、それに当たります。もちろん、これ以外にも意味付けを与える理論は多数存在するでしょう。つまり、クライアントの抱えている問題に対して、それがなぜ生まれたのか、どうやったら解決出来るのかを説明出来る原理原則を持っておくことが必要になります。

具体的な運用方法でいえば、セッションでは個別の相談に対応しますが、例えばブログの運用では、こうした原理原則を解説して共感を得る、ということがビジネスにおいてもセッションの提供においても重要になります。

図2

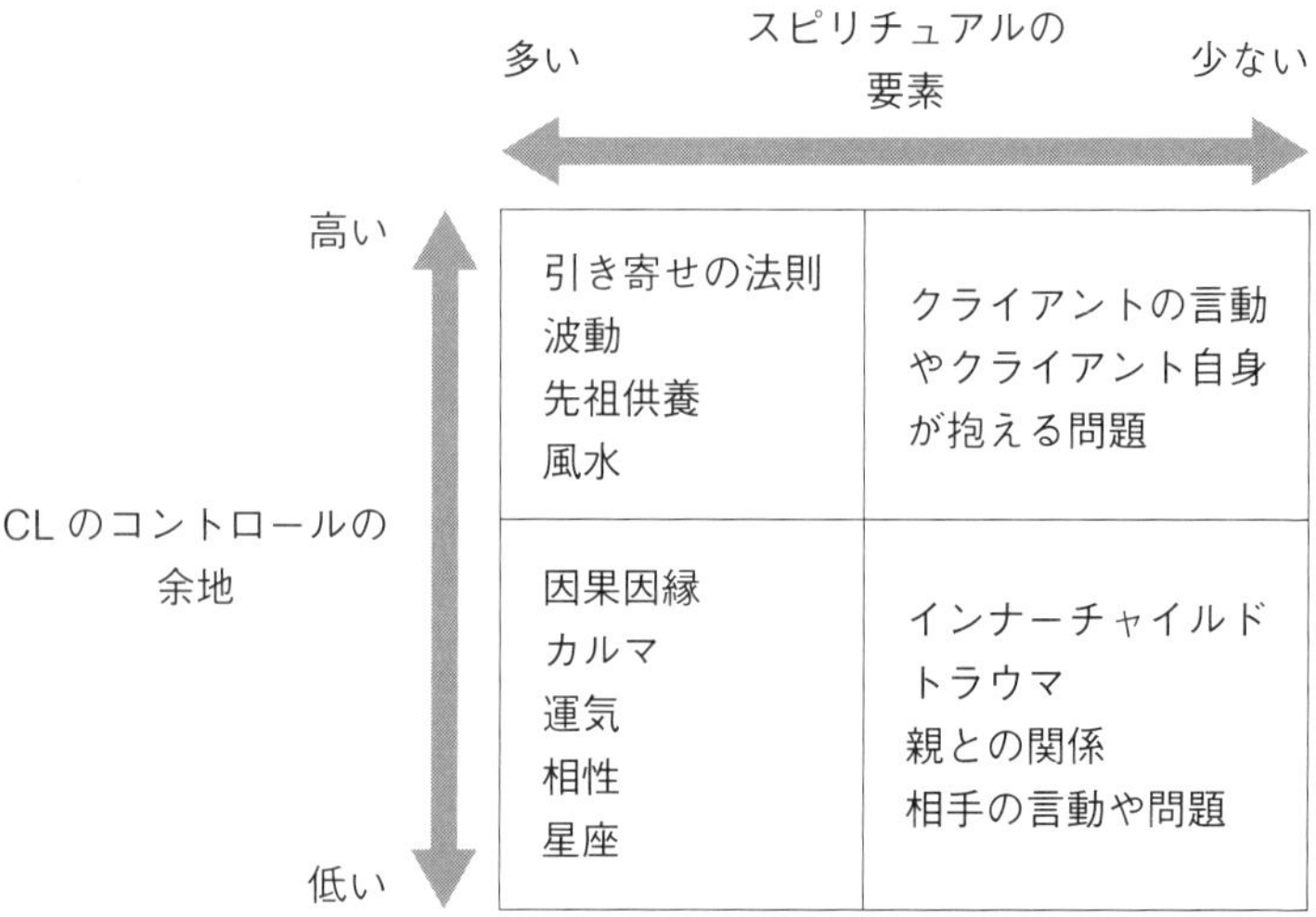

しかし、クライアントの問題に意味付けをする原理原則をすぐに持つのは大変です。そこで、図2をご覧ください。これは、スピリチュアル・カウンセラーがどのポジションを取るのかを図で表したものです。

図を見ていただければ分かるように、縦軸はクライアントが問題に対してコントロール出来る余地（セルフヘルプ）があるかどうか、そして横軸は、（一般的に言われる）スピリチュアルな要素が多いか少ないかを表しています。

図で注意していただきたいのは、縦軸です。これはあくまでもクライアントのセルフヘルプ、つまり自分のチカラで解決が可能かどうかを表しているのであって、スピリチュアル・カウンセラーとしてコントロールが出来ない、という意味ではありません。

例えば、問題の原因がカルマに起因するというポジションを取った場合、クライアント自身はその原因を解決することは出来ませんが、スピリチュアル・カウンセラーとしてそのカルマの影響を解除するエネルギーワークが出来る、という方もいらっしゃるでしょう。

同様にインナーチャイルドセラピーはセルフヘルプの本が多数出版されていますが、それに正面から取り組む方は少数派です。そのため、インナーチャイルドを癒すワークを持っていれば、クライアントの体験に意味を与えることが出来るだけでなく、その解決も出来るということを意味します。

その、スピリチュアル・カウンセラーとして現状を変えることが出来るかどうかという点をポジショニングで表したのが、図3です。

ここでは、占いを例にして、どの立場を取るかで、現状を変える方法がどう変わるかを図式化したものです。

図3

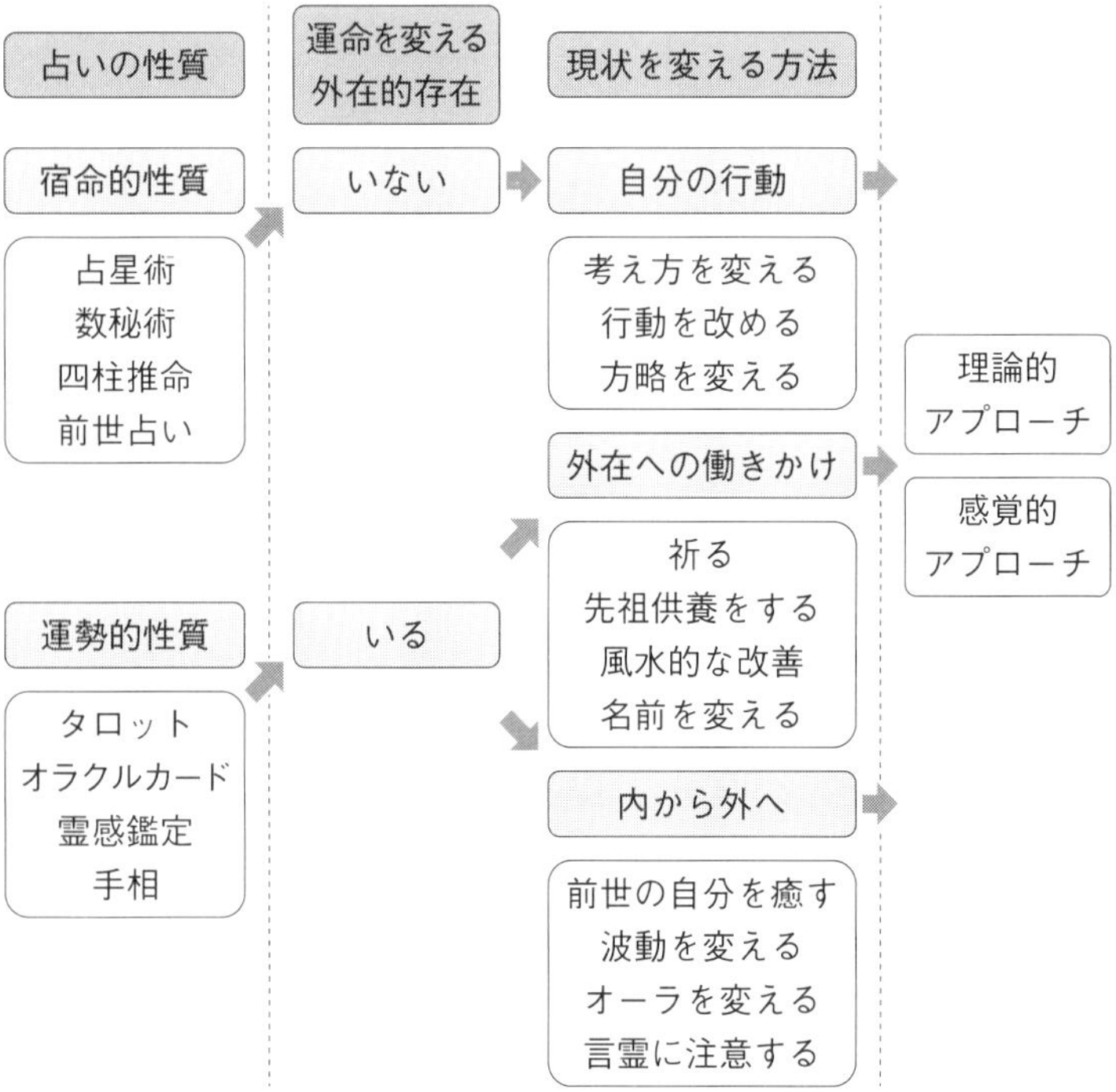

まず、運命を決まったもので変えることが出来ないと考えるか、運命は存在しても変えることが出来る、つまり変化しうるものとして捉えるか、の2つに分かれます。ここでは、前者は運命が決まっているという意味で宿命と呼び、後者は運命が決まっていないという意味で運勢と呼ぶことにします。

次に、運命を変えることが出来る神様のような存在がいるかどうかですが、一般的な占星術のように生年月日で占うような宿命的なものだと運命は変えようがないので、神様みたいな運命を自在に変えることの出来る存在は出る幕がありません。
一方、カード占いのように運勢的な性質として運命を見るのであれば、運命を変える神様のような存在を想定することは容易です。
そして、現状をどう変えるか、ということですが、宿命的な考えを持っている場合、その宿命は変えようがないので活用するという方法が考えられます。となると、自分の考え方や行動を改めたりすることで、今の宿命的な運命に「最適化」された行動を取ることが出来る、ということになります。

一方、運命を変える存在がいるのであるならば、方法は2つあり、1つはその運命を変えることが出来る神様的な存在にアプローチをするというものと、もう1つは自分自身の思考や感情、エネルギーを変えることによって、運勢を変えることが出来る、というものになります。

このアプローチの前提として、クライアントの思考や感情を変えることによって、運勢も変わり得るというものがあります。

というのは、思考や感情が変わることによって行動様式も変化します。行動が変わると運勢も変わってきます。そのため、行動の変化を促すためには思考と感情を変える必要があるということになるのです。

そして、自分自身の思考や感情、エネルギー等を変える方法は2つあります。1つは理論的なもので、自分の考え方を変えるというアプローチです。では感情はどうなのかというと、感情を変えるには考え方を変えることが有効なアプローチとなります。そのため、クライアントがどのような考え方をしているかというのは、スピリチュアル・カウンセラーにとって重大な関心事となります。

もう1つは感覚的なもの、例えば瞑想やヨガなど、身体的なアプローチが出来るものを指しています。身体的なアプローチ、例えばヨガやストレッチなどをすることによって、気持ちがスッキリするなどの感情的な変化を生み出す効果があります。感情的な問題は身体的に解決するほうが効果的だと言えます。筋トレやヨガ、ストレッチをすることで否定的な感情が肯定的になるのであれば、そうしたアプローチを使わない手はありません。

まず、この中で自分はどのポジションでの活動がしやすいか、という点を考え、そこに立ってクライアントの体験に「意味を与える」「解決の道を示す」ことが出来るかどうか考えてみてください。

ただし、その観点を受け入れるか否かは、クライアントに決定権があることに注意が必要です。

つまり、スピリチュアル・カウンセラーは、自分自身の価値観や原理原則を持ちながら、同時に中立の立場でセッションの場に臨みつつ、クライアントの価値観を尊重するという難しい立場にいることになります。

しかし、確かにそうした立場は難しいものですが、同時にクライアントを受容しつつ、スピリチュアル・カウンセラーとしての価値観を踏まえながら対話をすることで、クライアントとの間に、ある種の「ケミストリー（化学反応）」が生じます。つまり、対話を通してクライアントが内省し、その結果として新しい視点、新しい考え方を手に入れることに繋がり、それがクライアントの問題解決へと繋がっていくのです。

これを技術的にどうセッションに盛り込むかというと、アドバイスをする……ということになります。

つまり、アドバイスをすることで、クライアントに新しいものの見方、考え方、行動の仕方を提案する……ということですね。

ただ、アドバイスにはいくつか注意が必要です。

(1) アドバイスは時にクライアントを傷つける

まず、私達が肝に銘じなければならないのは、

アドバイスは下手をするとクライアントを傷つける可能性がある、ということです。

アドバイスされて、「そんなことは分かっているよ。でも出来ないから相談しているん

だよ……」という経験をした方も多いのではないでしょうか？

アドバイスをするほうは、解決を考えて行うのですが、アドバイスをされるほうは、無意識のうちに「あなたは、そんなことも出来ないの？」と言われているように解釈をしてしまいます。

アドバイスには相手を傷つける可能性があるのだということを、まずは念頭に置いておく必要があります。

⑵　いきなり根本的な解決をしようとしない

どうしても、クライアントが問題解決を求めてきたら、多くのスピリチュアル・カウンセラーは最初に根本的な解決を図ろうとします。

確かに、クライアントの問題を解決したいという想いは、よく分かります。

しかし、最初から根本的な解決を図るというのは、体力が落ちている病気の方に劇薬を投与するようなものです。つまり、最初から根本的解決を図ると、どうしてもその解決策のハードルが高くなってしまうのです。そうなると、クライアントは拒絶反応を示します。

また、根本的な解決を図るとなると、ハードルが高い分だけ、一か八かのギャンブルになってしまいます。

私達スピリチュアル・カウンセラーは、クライアントに無用なギャンブルをさせることは禁物です。たしかに、どこかで積極的に行動する必要がある場面も生じるでしょう。

しかし、最初から根本的解決を図るよりは、クライアントの体力や精神力を回復するアプローチや、今の悪循環を断ち切る小さなアドバイスから始めるほうが、クライアントがアドバイスを正確に実行出来ないという失敗もなく、その分だけクライアントを守れるようになります。

(3) アドバイスは、必ずしも実行させるものではない

アドバイスをするとき、

私達はクライアントが解決のための行動を起こすことを期待します。

確かに、行動して成果が出るのであれば、それに越したことはありません。

しかし、アドバイスは必ずしも行動を促すためだけのものではありません。

アドバイスを受けると、クライアントは必然的にそれが自分に出来るかどうかを考えま

す。そして、それが実行可能かどうかという点がアドバイスの次のテーマになります。

その時の反応が例えば、「う～ん……私にはそれはちょっと……」というものでも良いのです。というのは、そうした反応が返ってくる間に、クライアントは自問自答をして、自分に何が出来て、何が出来ないのかを明確にするからです。

そうやって、クライアントとすり合わせをしながら、アドバイスを練って精度の高いものにしていくことが出来るのです。


また、クライアントが躊躇するアドバイスになってしまっても、クライアントに新しい視点を与えるという効果もあります。

「なるほど、そうしたアプローチもあるのか」という視点を手に入れることによって、クライアントの視野が広がり、考え方に柔軟性が生まれます。つまり、**必ずしも実行されなくても、それはそれでOKと考えたほうがベターです。**実行されなかった場合でも、実行出来るように微調整をはかればよいのです。

(4) アドバイスに根拠と効果を明示する

アドバイスをされた側であるクライアントは、通常2つの疑問を持ちます。

それは「なぜ、それをしなければならないのか?」と「それをして、どうなるのか?」というものです。

この2つの視点、つまりアドバイスの根拠と効果が示されないと、せっかくのアドバイスに説得力がなくなります。

また、そうした根拠と効果が示されないアドバイスは、クライアントから見ると「単にスピリチュアル・カウンセラーの主観を押し付けているだけ」という印象にも繋がります。

そうした事態を避け、クライアントの行動を促すためにも、根拠と効果を必ず伝えましょう。

(5) アドバイスの前に要約を入れる

多くの場合、クライアントの方から、「では、私はどうしたらいいですか?」という問いがあります。そうした場合、根拠と効果を明示してお伝えするという方法で問題ありません。

ただ、**スピリチュアル・カウンセラーのほうからアドバイスを提示する場合、いったん今までの話を要約してください。**

要約の内容は第四章でお話ししたように3つあるのですが、どの要約を使うかはケースバイケースです。

では、なぜアドバイスの前に要約が必要かというと、要約された内容とアドバイスを繋げなければならないからです。


例えば……。


「先ほどのお話を整理すると、彼から連絡が来ないのにもかかわらず、彼の都合でいつも会う日が決まる、という状況なんですね？

その状況だと、取るべきアプローチは……」


というようにすると、話の前後が繋がるのと、今までの経緯を踏まえてアドバイスをしているという印象の形成に繋がります。

(6) クライアントが拒否する余地を残す

スピリチュアル・カウンセラーが完璧とも思えるアドバイスを考え出したとしても、それを活用するかどうかは、クライアント次第です。

そして、私達はクライアントに正しさもアドバイスも強制することは出来ませんし、するべきでもありません。そのため、「こうしたアドバイスがあるんだけど、どうですか？」というように、クライアントが拒否出来る余地を可能な限り残すべきです。

もし、この拒否出来る要素を残さないと、結果的にアドバイスをクライアントに強制することになってしまいますし、最悪の場合、そのアドバイスを受け入れないクライアントが悪い、という構造になってしまいます。

スピリチュアル・カウンセリングは、正しさをクライアントに押し付けるものであってはなりません。**仮にそれが100％正しいことであったとしても、クライアントに判断の余地を残すことで、「選択の自由はクライアントにある」という点を、明確にすることが出来るのです。**

また、アドバイスは確かに問題の解決を促すものですが、（一方で）アドバイスによって、クライアントの視野が広がり柔軟な思考が出来るようになることも目的の1つです。
となると、「こういう方法もありますが、どうですか？」という視点を広げる、柔軟性を確保する、という所にウェイトを置いたアドバイスが有効であるといえるでしょう。
ここまでが、クライアントの問題に対する私達の姿勢のお話でしたが、
では……クライアントの問題というのは、どのような構造になっているのでしょうか？

3　クライアントの問題の構造

クライアントが抱えている問題は、ある構造があり、その構造によって、クライアントは不利な立場に置かれています。これを、人間関係の枠組みの中で考えていきましょう。

図4をご覧ください。

これは、クライアントが抱えている問題を人間関係という面から構造を明確にしたもの

図4

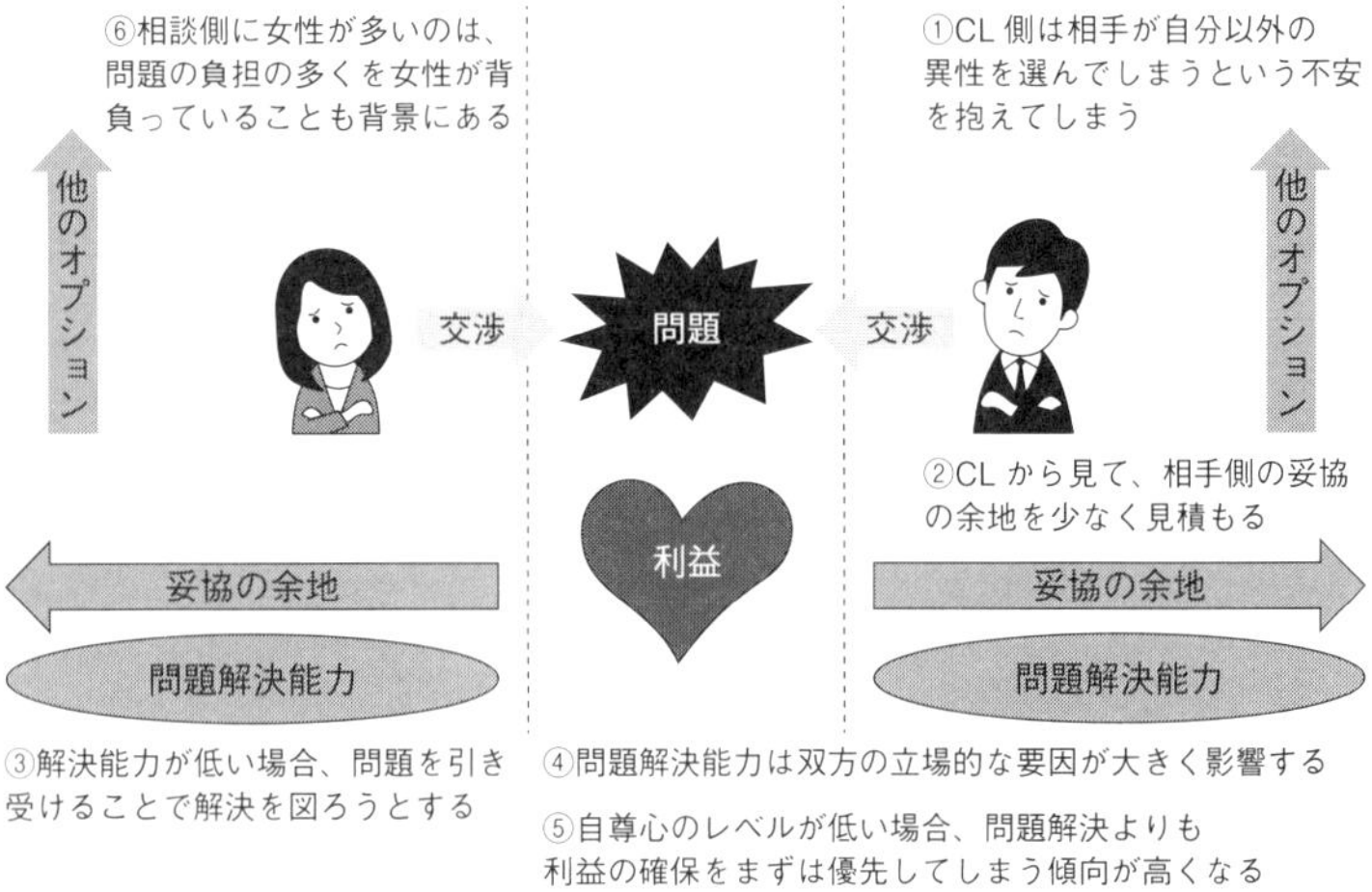

⑥相談側に女性が多いのは、問題の負担の多くを女性が背負っていることも背景にある
他のオプション
交渉
問題
交渉
①CL側は相手が自分以外の異性を選んでしまうという不安を抱えてしまう
他のオプション
②CLから見て、相手側の妥協の余地を少なく見積もる
利益
妥協の余地
妥協の余地
問題解決能力
問題解決能力
③解決能力が低い場合、問題を引き受けることで解決を図ろうとする
④問題解決能力は双方の立場的な要因が大きく影響する
⑤自尊心のレベルが低い場合、問題解決よりも利益の確保をまずは優先してしまう傾向が高くなる

です。私達のクライアントの大半は女性ですので、ここでは便宜上、男女関係の問題で、男性が恋愛関係に消極的な状態を想定します。また、クライアントを女性としてお話を進めますが、クライアントが男性であっても、大筋は変わらないものとご理解ください。

これらの要素を1つずつ検証していきましょう。

まず①ですが、そもそもの前提として、クライアントは相手が自分以外の異性を選んでしまう可能性が高いという前提で考える傾向があります。

つまり、「彼は他にも女性を作ることが

出来る・可能性がある」という懸念ですね。
その懸念があるがゆえに、
クライアント自身が考える自分の立場は非常に弱いものと自己評価してしまいます。

そして②ですが、そもそも恋愛問題が生じているということは、相手が恋愛に対して積極的ではないという状況があります。つまり、恋愛が発展するような活動に対して、あまり協力的でない、ということです。例えば、会おうとしても会ってくれない、SNSを使ったやり取りで既読スルーが多い、などがそれです。
相手のそうした言動ゆえに、クライアントから見た相手は問題解決に協力的ではない、問題解決のために妥協してくれないというように映ります。
それがあるがゆえに、クライアントは相手への働きかけを諦めてしまうか、必要以上に相手に合わせた言動を取らざるを得ない状況に至ってしまいます。

実は、①も②もクライアントと相手とは本来は同等なのです。しかし、クライアントは何とかこの問題を解決して利益、つまり恋愛なら恋愛が成就するようにしたいと願っています。その結果、クライアントは不要な妥協をしてしまう可能性が高くなるのです。例えば、望まない身体の関係などがそうです。

次に③ですが、クライアント自身の問題解決能力が低い場合、つまりコミュニケーションで相手と良好な関係を作る術を持っていない場合、その関係の不利益を全て自分が背負う、という行為を取ろうとします。例えば、セックスフレンドの関係で恋愛に至らない場合、その立場に甘んじることで、相手との関係を維持しようとする、というものですね。

④ですが、問題解決の能力は、双方ともに同じであっても、クライアントが立場の弱さを感じている場合、コミュニケーションでの交渉に大きな影響を与えます。

そして⑤ですが、クライアントの自尊心等が低い場合、「どうせ私は選ばれっこない」「どうせ私には彼を惹きつける魅力がない」という潜在意識での自己評価ゆえに、問題の解決よりも目先の利益を追ってしまいます。それがたとえ長期的にはクライアントを不利にするものであっても、クライアントはそれを受け入れてしまいます。

こうした構造は男女間ではどうしても発生しやすく、特に女性側は恋愛では弱い立場にあることが珍しくありません。そのため、⑥のように自分自身で問題を溜め込み、そして私達スピリチュアル・カウンセラーの元を訪ねてくる、ということになるのです。

これは、そもそも、
（1）クライアントのコミュニケーションによる交渉力の低さ
（2）クライアントの自尊心の低さ
の2つに起因します。

クライアントが、相手に対して執着心を持てば持つほど、先ほどの構造は男性側に強く有利に傾いていきます。

これは女性がダメだという話ではなく、自己肯定感や自尊心を培う機会が、男性よりも女性のほうがどうしても少ない、という点に起因します。

ジェンダー（性に対して、社会的・文化的に作られる性差）的には問題のあることですが、否定的な意味で女性は「選ばれる」立場にいることが、残念ながら今の日本の社会では珍しくありません。

また、一般的な考えとして、男性は社会的に評価されれば自信を持つことが出来ますが、女性の場合は男性に愛されて自信を持つ、という傾向も残念ながら根強く残っています。

そもそも、テーマが恋愛問題ですから、仕事が出来るという評価と、異性に対して魅力的であるという評価は、クライアントが男性であっても女性であっても全く別なのです。

特に女性の場合は、それが顕著に表れやすいという傾向があります。

つまり、男性の場合は仕事が出来る＝人間として価値がある、という自尊心や自己肯定感に繋がりやすいのですが、女性の場合、仕事が出来るということが自尊心や自己肯定感に繋がるケースが、残念ながら比較的少ないというのが実情です（私には、これは男性社会が作り上げた隠れた女性の価値を貶めるものに思えてなりません）。


となると、愛されて選ばれるためには自分の価値を高める必要があるのですが、その自分の価値を高める努力が逆に女性から自尊心や自己肯定感を奪っているのです。

というのは、自分を磨くというスタンスに立った時、女性が目にするのは「ダメな自分」です。それは体形であったり、マイナス思考であったりと、まず自分の欠点を見つけ出し、その欠点を何とか補おうとするのです。
となると、自分の欠点に焦点が当たるわけですから、
自分磨きをすればするほど「自分に自信がなくなる」という逆説が発生するのです。

ここまで書けば、

私達スピリチュアル・カウンセラーのするべきことが明確になってきます。

確かに、クライアントが持ち込んでくる恋愛相談、人間関係の相談も大切なのですが、

その前提として、

健全な自尊心や自己肯定感をどう育むのか……という点が重要になってきます。

となると、アドバイスの内容も、確かに問題解決に寄ったものも有効ですが、

時間的猶予が許される中で、いかにしてクライアントの自尊心や自己肯定感を育むか、

という視点もアドバイスに含んでおく必要があります。

自尊心や自己肯定感が健全であれば、その分だけクライアントの選択肢も増えます。となると、時間ばかり浪費する関係に見切りをつけるという対応も可能になってきますし、

そうした対応はクライアントが窮地を脱する上では絶対に必要な判断です。

4　どのようにして、クライアントの自尊心や自己肯定感を育むか

内閣府が毎年公表している「子供・若者白書（旧青年白書）」によると、日本人の若い方々は他の国に比べて、自己肯定感が低いという結果が出ています。

例えば、「自分自身に満足している」と答えた方は、アメリカでは57・9％、イギリスでは42％、ドイツでは33％、韓国で36・3％なのに対して、日本では、たった10・4％しかありません。

また、「自分は役に立たないと強く感じる」という質問に対して「そう思う・どちらかというとそう思う」と答えた方は51・7％に達します。

このように、日本人の自己肯定感は諸外国に比べて非常に低いことが分かります。

このような結果になる原因は様々考えられるのですが、「自分は役に立たないと強く感

じる」と回答した方のうち、「私は、自分自身に満足している」という質問に対して「そう思わない」と答えた方が60・7％に上ることを考えると、自己肯定感に繋がる自己有用感、つまり他者からの肯定的なメッセージを受ける機会が乏しいことが大きな要因の1つと言えるでしょう（全ての調査結果は内閣府『令和元年版子供・若者白書』に基づく）。

実は、この自己肯定感の低さは、

クライアントが占いを利用する動機の1つとなっています。

例えば命占等の場合、占いの結果には当然その人の欠点も現れますが、多くの場合、その人の性格のうち、好ましいと思われることに重点を置いた記述が強調されています。

このように、クライアントが占いというツールを使うことで、

不足している自己肯定感を補うという心理が働いているのです。

しかし、多くの占い師はそのことを十分に理解していない方も多く、

そうした情報は有効に活用されません。

しかし、そうした情報が有効活用され、クライアントが自信や自己肯定感を持てるような情報を十分に与えることが出来たらどうでしょう？

占い師の多くは問題解決志向が強いために、どうしてもクライアントのパーソナリティあるいは環境等の問題点に着目する傾向があります。
つまり、占い師は問題解決志向が必要以上に強いのです。

しかし、私達スピリチュアル・カウンセラーの場合、クライアントが超越した存在による導きの中にいるという前提があります。
となると、その導きを有益なものとするためには、クライアント自身が持っている長所は貴重なリソース（資源）となります。

クライアントの強みや高い能力に着目し、その点を伸ばすというアプローチをすることで、クライアントは自然と成功体験を積み重ねていきます。

例えば、他人に対する洞察と分析が得意なクライアントがいれば、その能力を人間関係で活かし、人間関係を良好にするアプローチをしてもらうことで、自分の能力を実感することが出来るでしょう。

また、1日の終わりにその日の出来事の中で、自分がきちんとこなすことの出来たことを10個、日記に書くというアプローチも非常に有効です。

このように、クライアントの成功体験は、クライアントを成長させ、自己肯定感を高め、問題解決能力を向上させます。

つまり、自らを「まだまだ足りない」と叱責するクライアントを、褒められ上手にする、というアプローチです。

私達がクライアントに行うアドバイスは、何も直接問題解決に役立つものでなくても良いのです。当然、クライアントには、それが問題解決にどう結びつくのかを説明する必要があるでしょう。先の例で言うと、人間関係を良好にする働きが好循環を生み、それによって波動が高まり引き寄せが加速される……という効果も期待出来るでしょう。

確かに、問題解決に直結するアドバイスは必要です。

しかし、そのアドバイスを実行するクライアントの自己肯定感が低ければ、

問題解決は困難です。

ただ、私達スピリチュアル・カウンセラーであれば、クライアントが持つ長所を見つけ出すことは、決して難しくないはずです。

その長所を指摘し、それをクライアントが自覚出来れば、クライアントの取るアプローチも当然効果的になります。

つまり、クライアントの自己肯定感を高めるには、問題解決以外の部分で、数多くの成功体験を積めるようにアドバイスすることが、非常に有効なのです。

もちろん、ここで紹介した方法以外にも自己肯定感を高めるワーク等はたくさんあります。スピリチュアル・カウンセラーの「武器」として、そうしたワークをたくさん持っておいて損はありません。

そうした意味で、心理学的なワークを学ぶことは、スピリチュアル・カウンセラーの活動において大変役に立つでしょう。

さて、次はいよいよ、皆さんの直観力を覚醒させるメソッドに移ります。

第六章

直観力（インスピレーション）覚醒メソッド

1 「直観力（インスピレーション）」とは？

さて、ここでは皆さんの直観力（インスピレーション）を覚醒させるメソッドをご紹介します。

本来であれば、理論的な背景や原理にも触れたいのですが、紙幅が限られていますので、理論的な説明は最小限にして、可能な限り実践的なものをご紹介したいと思います。

スピリチュアル・カウンセラーにとって直観力とは中核的な能力の1つでもあります。

では、直観力とは何かといいますと、一言で言えば、**「肉眼では見ることの出来ないエネルギーを見る・感じ取る能力」**と言えるでしょう。

私達の全ての言動は、エネルギーによって支えられています。私達の感情や思考、行動などは全てエネルギーがあって初めて生じます。ここでは、そのエネルギーを「生体エネルギー」と総称します。そのため、エネルギーを見る能力を習得すれば、自分だけではなく相手や第三者の感情、思考を読み取ることが出来るようになるのです。

しかし、多くの方はそうした能力を持っていても、眠ったままになっています。

この理由はカンタンで、現代社会では特段その能力がなくても困らないため、「使っていない」だけなのです。

一方、多くの方が次のような体験をしたことがあると思います。

●一目見て、なんだか近寄ったらダメな、否定的な印象を受けた。
●「良いことが起きそう」と思ったら、本当に良いことが起こった。
●虫の知らせで誰かに不幸が起こると思ったら、本当に不幸が起こった。
●突然、アタマの中ですごいアイデアが生まれて、自分でも信じられないような結果を出せた。

このように、私達は「なんとなく感じることが出来る何か」を元々持っています。

それが、まだ完全に目覚めていない直観力の片鱗なのです。

また直観力に優れた人のほうが、(例えば)タロットを使う場面などでは、リーディングに深みが増します。さらに、タロットカードの解釈も自在に扱えるようになります。

そうした意味で、タロットなどのツールを使う方にとっても、直観力はあったほうが良いスキルです。

しかし、直観力はそれ単体でもセッションに用いることが出来ます。補助的にタロットやオラクルカードなどのツールを使っても問題はないのですが、人によってはツールが逆に邪魔になるという方もいらっしゃるでしょう。そうした場合は、直観力だけでセッションに臨むほうが良好な結果を出すことが出来るでしょう。

さらに直観力は、**使えば使うほど鍛えられるという性質を持っています。**

直観力は、先述したように本来誰でも持っている能力で、その能力は使われないまま眠っている状態です。筋肉を鍛えれば誰しも筋肉が発達してくるように、直観力も使えば使うほど、鍛えれば鍛えるほど精度は高まっていきます。

しかも、直観力は私達のプライベートでも使うことの出来る能力です。

直観力を磨くことで人間関係が上手くいったり、自己肯定感が高まるという効果も期待出来ます。

直観力が働いている状態とは、一種の「トランス状態」と言えます。

トランス状態とは、通常の意識状態と異なる、いわゆる変性意識状態で、

通常の意識状態である脳波のβ（ベータ）波ではなく、

催眠状態でもあるΘ（シータ）波になっている時です。

催眠状態……と言えば、自分自身を見失った状態と勘違いされがちですが、

催眠状態とは、リラックスと集中力との相反する要素が高まった状態であり、

右脳が優位になり、インスピレーションを受け取りやすい精神状態のことを指します。

この催眠状態は、私達にとっては実はなじみ深い状態です。

例えばテレビや映画に夢中になっている時、我を忘れて作業に没頭している時、

ぼ〜っと考え事をしている時など、しばしば私達は日中に催眠状態に至ります。

このように、催眠状態とは私達にとって実はありふれた、

かつなじみの深いものなのですが、意図的にその状態に持っていくことによって、

私達はインスピレーションを受け取りやすい状態になることが出来るのです。

ここでのゴールは、トランス状態に入ることによって、高次の存在であるハイヤーセル

フに繋がることです。これを「チャネリング」と言います。

ハイヤーセルフとは、「高次元の自分自身の魂」のことを指し、時に守護霊と混同される存在です。ハイヤーセルフは、私達の輪廻を見守り、そして地上の私達に様々な働きかけを行い、私達の魂が磨かれるよう促す存在です。

ハイヤーセルフの目的は、私達の魂がより高い次元に上がっていくように促し、それによって私達が幸せになることです。そのためにハイヤーセルフは時に試練を私達に与えます。そのハイヤーセルフと繋がる、つまりチャネリングをすることによって、ハイヤーセルフからヒントをもらったり、今の状況の意味を理解出来るようになります。

また、脳波がΘ（シータ）波になることによって、肉眼では通常は見えない生体エネルギーを見られるようになります。つまり、Θ（シータ）波になることによってハイヤーセルフからのメッセージをインスピレーションで受けるだけでなく、スピリチュアルな視点でものを見ることが出来るようになるということですね。これを透視リーディングと呼びます。

この能力は、相手の思っていることや相手の性格などを読み取ることが出来るようになります。敏感な人だと、相手の前世も見えるようになるでしょう。
整理すると、ハイヤーセルフに繋がること、つまりチャネリングによって、インスピレーションとしてハイヤーセルフからのヒントをもらい、また生体エネルギーをはじめとしたエネルギー体が見えるようになることによって、透視リーディングが出来るようになるのです。

チャネリングはもう少し説明が必要ですね。**チャネリングで繋がることの出来る対象は、自分自身のハイヤーセルフだけではありません。大天使ミカエルや聖母マリア等とも繋がることが出来るようになります。**当然、いまセッションをしているクライアントのハイヤーセルフと繋がることも出来るようになるのです。そうすることによって、自在に必要なメッセージをクライアントに伝えられるようになります。

この章では、主にハイヤーセルフと繋がるために、
①準備、②催眠誘導、③チャネリング・透視リーディングの実践の3つをご紹介します。

2　準備編

まずは、ハイヤーセルフに繫がるための日常的な準備、またはトレーニング法を解説します。ここで行うことは、瞑想がメインになります。この瞑想は、基礎トレーニングに相当するものですので、毎日欠かさず行うようにしましょう。1日20～40分程度の瞑想ですので、忙しい方にとっても少し工夫をすれば時間の確保は出来るかと思います。

では、最初の瞑想法をご紹介しましょう。

ここでは、グラウンディングを行います。グラウンディングとは、地に足をつけて自分の身体的・精神的な軸をまっすぐにすることです。これが出来れば、現実的な判断が出来るようになり、さらにはエネルギー的に地球のコアと自分自身を繫げることで、地球とエネルギーの交換が可能になります。

【瞑想法1：グラウンディングのための瞑想】

◆手順

1　前準備：10～20分間の時間を確保します。長ければ長いほど効果は高くなります。

2　椅子または床に、楽な姿勢で座ります。

3　眼を閉じてゆっくりと呼吸をします。おススメは4拍呼吸、つまり4秒で吸って4秒呼吸を止めて4秒かけて肺の空気をからにするように長い息をする、というものです。この時、下丹田（イラスト1参照）に意識を集中し、息を吸うと下丹田が膨らみ、息を吐くと下丹田が縮むというように、下丹田が呼吸しているように意識を向けます。

イラスト1

4

瞑想中は色々なことが頭をよぎると思いますが、それを「追いかける」ことなく、そっと受け流すようにしましょう。雑念が「ない」ことにこだわる必要はありません。雑念は次々に浮かんで来るのが当然のものです。

その雑念にとらわれて、雑念を追いかけなければ良いのです。

5

下丹田に意識を向けながら、足の裏に意識を向けてください。

そして、地球のコアの部分と繋がっている様をイメージしてください。

吸気と共に地球の奥深く、コアの部分からエネルギーが下丹田に上がってきて、呼気と共に（下丹田から地球のコアの部分に）エネルギーが戻る……という循環を、イメージしてください。身体の重心が腰の下のほうに降りているのを感じましょう。

6

呼吸をしながら下丹田が白く光っているのを意識してください。

その光は呼吸と共に収縮を繰り返しながら、光を発しています。

やがて、その光が全身を包み込む様をイメージしてください。

7

時間が来たら、リラックスした余韻と地球から得たエネルギーを味わいながら、自分の居る部屋に戻ってきましょう。

これが出来たら、次の「集中力を高める瞑想」に進んでください。

【瞑想法2：集中力を高める瞑想】

チャネリングで大切なのは集中力を高め、繋がる相手に焦点を絞り、必要なメッセージを受け取ることです。

慣れてくると一瞬で出来るようになりますが、慣れるまでは、ある程度の時間が必要でしょう。また、集中力を保ちながらセッションを継続するのは、ある種のコツが必要です。

しかし、難しく考える必要はありません。要は慣れの問題ですから。

瞑想でリラックスしてくると、左脳の活動が抑制され右脳が活発になってきます。

左脳は過去から未来を論理的に考える役割を持っています。

一方、右脳は「いま、ここ」の感覚的な思考を司ります。

左脳のある種の「批判的」な思考が抑えられることによって、右脳の活動がより活発になり、微細なインスピレーションも受け取ることが出来るようになります。

では、集中力を高める瞑想法をご紹介しましょう。

◆手順

1　リラックスして椅子または床に座ります。時間は10～20分確保してください。

2　瞑想法1でご紹介した方法で、しばらく下丹田に意識を向けた瞑想を行います。

3　瞑想の中で、あなたにとって好ましいもの、例えば花やクリスタル、繋がりたいと思っている高次の存在をイメージします（イラスト2）。

イラスト2

4　そのイメージとあなたが繋がることによって、

あなたにどんな影響があるか体感してください。それは温かいですか？　ワクワクしますか？　思いっきり身体で感じましょう。

5　その体感を5分程度キープしてください。

6　もし、そのイメージと異なる要素が雑念として浮かんできたら、キープしている体感が崩れます。しかし、雑念はどうしても浮かんでくるものです。そのため、雑念を相手にせずにそっと受け流してください。そして、体感に静かに戻っていきましょう。

7　イメージを5分間キープ出来たら、静かに瞑想を終わりにします。イメージと繋がった感覚を味わいながら、ゆっくりと瞑想をしていた部屋に戻りましょう。

集中力を高める瞑想は、慣れるまで何度も繰り返しましょう。

この瞑想法がベースとなって、次のハイヤーセルフと繋がる瞑想法に続きます。

【ハイヤーセルフと繫がる瞑想法】

いよいよ、ハイヤーセルフと繫がる瞑想法に入ります。

これは、瞑想をしなくてもハイヤーセルフと繫がることが出来るようにするための準備の意味合いがあります。

すでにここまで瞑想法を2つマスターしているので、瞑想についてはかなり慣れていることでしょう。瞑想でΘ（シータ）波の状態にいることにも慣れてきていると思いますので、ここではハイヤーセルフと瞑想で繫がり、初めてのハイヤーセルフとのコンタクトを行います。

◆手順

1　いつもの瞑想のように、リラックスした状態で椅子または床に座りましょう。時間は10～20分は確保してください。

2　背筋を伸ばして、頭からコインを身体に落とすと、お尻から出るようにまっすぐにし

イラスト3

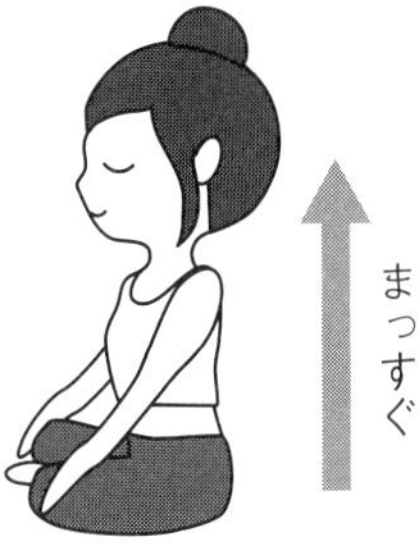

ます。床に座っている場合は、クッションやまくらの上に座るのが良いでしょう。この姿勢が、ハイヤーセルフと繋がるための「合図」になります（イラスト3）。

3　静かに目を閉じて、
心が静まっていくのを待ちましょう。
雑念は湧き続けます。
その雑念を上手に受け流して、
心の深い所にまで降りていく様をイメージしてください。

4　心の深部に到着したら、その静けさをじっくりと味わってください。
皮膚や身体感覚がいつもと変わって感じられることでしょう。
そうした感触も味わいながら、深部の静けさに身を委ねてください。

5　心の深部に降りた後は、愛に満ちた光の世界にスゥーッと上っていく様をイメージしましょう。逆説的ですが、4で到着した心の深部が深ければ深いほど、光の世界にはより高く上ることが出来るようになります。愛に満ちた光の世界に入ったら、その世界の感触を体感してください。ワクワクしますか？　開かれた可能性に心は躍っていますか？　その世界は、あなたが死後に訪れる場所であり、
あなたが現世で生まれる前にあなたが誕生した世界でもあります。

6　高次元の波動と自分自身が同調する様をイメージしてください。その世界は完璧で愛に満ち、全く欠けることがありません。いわば天国のような場所です。その場所からあなたはこの世に降りてきました。元々いた世界はどのような波動に満ちていますか？
それを体感して同調していく自分自身をイメージしてください。
もしかしたら、スピリチュアルなメッセージを受け取ることが出来るかもしれません。

7　じっくり、その世界を体感したら、
ゆっくりと呼吸に意識を向けながら、この世界へと戻ってきましょう。
そして部屋に戻ったら、余韻を感じながら、
ゆっくりと身体を動かして瞑想を終えてください。

3　チャネリングの催眠誘導

さて、次はチャネリングをするための催眠誘導に入ります。

この催眠誘導は、皆さんが無理なくチャネリングにて高次の自分自身の魂や天使、聖母マリアといった高次の存在と繋がるためのものです。

もちろん、クライアントのハイヤーセルフと繋がることも出来るようになります。

後に紹介する、瞬間的に必要な高次の存在と繋がる方法の前段階での準備体操という意味合いもあります。

催眠誘導の方法は、まずゆったりと瞑想の姿勢を取ってください。

そして、瞑想の姿勢と呼吸を保ちながら、本書の誘導を視覚的にイメージしてください。

本書の催眠誘導を覚える必要はありません。都度都度読んでは、その情景をイメージしてください。読んでは書いてある内容のイメージングに戻り、
その情景をイメージし、また読んではイメージする……を繰り返してください。

では、私がガイドをしますので、素敵なハイヤーセルフを巡る旅に出かけましょう！

【ハイヤーセルフと繋がるための催眠誘導】

あなたは、いまゆったりとした姿勢で座っています。
リラックスして、身体のチカラを順番に抜いていきましょう。
まずは頭から。意識を頭に向けて、
呼吸と共に緊張がスッと消える様をイメージしてください。
次は顔です。顔の筋肉の緊張を感じてください。
緊張を感じたら呼吸の呼気と共に、緊張がスッと緩む様をイメージしましょう。
次は首です。同じように緊張を感じて、スッと呼気と共に緊張を解きます。
同じ要領で、腕の緊張、横隔膜の緊張、腹部の緊張、太ももの緊張、
ふくらはぎの緊張を順番に解いていきます。

身体の緊張がほぐれたら、
目の前にエレベータがある様を視覚的にイメージしてください。
そのエレベータは10階にあるようです。今いる場所は10階のようです。
これから、1階の心の奥までゆっくりとエレベータに乗って降りていきます。

あなたはエレベータに乗りました。そして、1階のボタンを押しました。
エレベータの扉がチン！　という音と共に閉じられました。

エレベータはゆっくりと1階へと降りていきます。

10、9、8……エレベータはゆっくりと下へと降りていきます。
7、6、5……少しずつゆったりとした気持ちになっていくのを感じます。
4、3、2……あと1つ数えたら、1階へ到着します。
1。あなたは、1階の心の深部まで降りました。
エレベータの扉がゆっくりと開きます。

そこには草原が広がっています。
草原では気持ちの良い風が、緑の香りを運んできてくれます。
小鳥が鳴く声がします。とても素晴らしい場所につきました。

その草原にはベンチが置いてあります。
そのベンチに座って、草原の素晴らしい眺めや風が運ぶ緑の香りを味わってください。
ここはあなたにとって安全な場所。一番心が安らぐ場所です。

十分気持ちが落ち着いたら、そろそろハイヤーセルフと出会う旅へと出かけましょう。

10数えるとともに、あなたの身体はフッと浮かび上がり、
空にある愛に満ちた光の空間へと昇っていきます。
1、2、3……。次第に身体が浮かび上がり、草原を見渡せる高さまでやってきました。
4、5、6……。雲の間を抜けて空をまっすぐに上がっていきます。さっきまでいた草原はまるで箱庭のように見えます。遠くに海が見えます。上を見ると、雲がまぢかに近づいているのが見えます。そして、雲の中を通り抜けて、さらに上まで登っていきます。

7、8、9……。空を超えて宇宙空間まで来ました。上を見ると、光に包まれた空間が見えます。その光に満ちた空間でハイヤーセルフがあなたを待っています。

そして、そこはあなたが生まれる前にいた場所であり、帰るべき場所でもあります。

あと1つで、その光の中へと入ります。

……1。ついに、光の中へと到着しました。

周りはまばゆいばかりの光に包まれています。そこはとても温かく、愛と優しさに満ちています。そして、その空間であなたは、現世の行いの全てが許され、あなたの心が愛によって満たされているのを感じます。

そして眼の前を見ると、光に包まれた1人の人物が歩いてくるのが見えます。それは、あなたのハイヤーセルフです。ハイヤーセルフはにこやかにこちらへと歩いてきます。

そして、あなたを抱きしめてくれました。

この時、あなたとハイヤーセルフとの統合が完成したのです。

抱きしめた後、ハイヤーセルフはあなたにメッセージを発しました。

さて、何と言っているでしょうか？　あるいは、どんなことをイメージしましたか？

メッセージを受け取ったら、ゆっくりとその場から離れます。

ハイヤーセルフに最後にハグをして、「また来ます」と伝えましょう。

そして、ゆっくりと地上へと降りていき、
先ほど座っていたベンチに再び腰を掛けましょう。では、イメージしてください。
スゥ〜ッと身体が地上へと降りていき、ベンチにフワッと腰掛けます。

さて、この世界ともお別れをする時間になりました。

草原にあるエレベータ乗り場へ移動します。
そして、再び私達がいた場所へと戻ってきます。
扉が開き、あなたはエレベータの中に入りました。
すると、エレベータがスゥ〜と上へ上がっていきます。
1、2、3……。ゆっくりとエレベータが上へと上がっていきます。
4、5、6……。身体にチカラがよみがえってくるのを感じます。
7、8、9……あと1つで、この現世へと戻ってきます。
……10。到着しました。

ゆっくりと目を開けて、身体の緊張を解きほぐしてください。

このハイヤーセルフと出会うための催眠誘導では、「私達のハイヤーセルフと出会う」というイメージで進めました。しかし、別の存在……例えば前世の自分や守護霊、聖母マリアや天使といった聖なる存在と出会うことも可能です。

その場合は、光の中に入ったときに、ハイヤーセルフの代わりに、そうした存在が目の前にやって来る様をイメージしてください。

次は、瞬間的にチャネリングをし、必要なメッセージを受け取るトレーニングに入ります。

4　チャネリング・透視リーディングの実践

一度、ハイヤーセルフと接触をすれば、後は自然にハイヤーセルフと繋がることが出来るようになります。また、繋がる対象は自分自身のハイヤーセルフだけでなく、相手のハイヤーセルフや守護霊等とも繋がることが出来るようになります。中には、セッションを通して聖母マリアや天使がクライアントの問題について何と言っているか知りたいと思う人もいるでしょう。もちろん、そうした存在と繋がることも可能です。

実際のセッションで、先述した瞑想や催眠誘導でハイヤーセルフと繋がるのは、時間がかかり過ぎます。

そこで、ここでは瞬間的にハイヤーセルフ等と繋がるための方法をご紹介します。

【瞬間チャネリング・透視の方法】

ここでは、「ハイヤーセルフと繋がる瞑想法」を習得していること、場面は実際のセッション、繋がる対象はクライアントのハイヤーセルフ……という前提で、お話を進めてまいります。

◆手順

1　事前に「ハイヤーセルフと繋がる瞑想法」を行っておきます。

これは、瞬間チャネリングの準備体操となります。
ハイヤーセルフにセッションの成功を依頼しておきましょう。

2　クライアントの主訴（訴え）に耳を傾け、どのようなことを知りたいと思っているのか、解決したいと思っているのかを丁寧にヒアリングします。

イラスト4

3　クライアントを観察してください。
オンラインでのセッションの場合なら、声の調子を観察します。オフラインでの対面セッションなら相手の容姿を観察します。

オンラインでもオフラインでも、ひょっとしたらクライアントのオーラが見えるかもしれません。

4　クライアントの主訴を把握したら、クライアントに「チャネリングをするのでしばらくお待ちくださいね」と断ります。そして、ハイヤーセルフと繋がる瞑想法の要領で背筋をまっすぐに伸ばし、目をつぶり肺の空気をまず吐き出します。
この時、大切なのは姿勢です。背中をぴんと伸ばしましょう。
これが合図となり、瞬間的にトランス状態になることが出来ます。
その後、第6チャクラと第7チャクラ（イラスト4）をオープンにします。
方法は、呼吸と共にチャクラの位置に意識を向けてみましょう。
そうすることでチャクラは動き出します。

5　チャクラがオープンになったところで、繋がりたい存在を呼び出します。
ここでは、繋がる対象がクライアントのハイヤーセルフですので、
クライアントのハイヤーセルフを次のように呼び出します。
「○○さんのハイヤーセルフよ、私のところにいらしてください」

6　クライアントのハイヤーセルフを感じたら、
「繋がってくださりありがとうございます」とお礼を言い、繋がりが出来ていることを
イメージで確認します。具体的には、自分自身のオーラの中にハイヤーセルフを迎え入
れる様子をイメージします。

7　繋がりを感じたら、メッセージが伝わってきます。あるいは、クライアントの状況が浮かんでくるかもしれません。その繋がりを意識したまま、クライアントに降りてきたメッセージを伝えましょう。当たりはずれは気にしないで、降りてきたものをそのまま伝えていけば大丈夫です。また、チャネリングを維持したままクライアントの様子をイメージしてみてください。これが透視リーディングです。この透視リーディングでクライアントに関係する重要なヒントが見えてくることがあります。人によっては、クライアントの抱える問題と関係する場面が見えることがあるでしょう。
それを、デリカシーに配慮しながらクライアントに伝えてみてください。

仮にクライアントのものと異なるイメージが見えるかもしれませんが、その時は違ったんだと受け止め、さらにハイヤーセルフとの繋がりを意識し、次のイメージや状況が流れ込んでくるのを待ちましょう。

8　一通り話し終わった後、何が問題のカギになっているのか、考えるようにしましょう。もし、第三者が問題解決のカギを握っている場合、その第三者のハイヤーセルフと繋がりましょう。最初から、第三者のハイヤーセルフと繋がっても問題ありません。

9　セッションが終わったら、繋がったハイヤーセルフにお礼を言って「自分」に戻ってください。それでハイヤーセルフとの繋がりが切れます。

これが瞬間チャネリングと透視リーディングの方法です。
実際のセッションの進め方も含めて、イメージ出来ましたでしょうか？

この、瞬間チャネリングと透視リーディングは非常にパワフルな手法です。
実践すればするほどハイヤーセルフとの繋がりは強くなり、
精度もより高くなるでしょう。

あとがき

本来は、私の1DAYセミナーの内容をそのまま書籍化する予定だったのですが、書き進めていくうちに、当初の構想から外れて、さらに包括的な内容になってしまいました。

(可能な限り)初学者にも分かりやすく、スピリチュアル・カウンセラーになる方法を解説したのですが……。

それが功を奏したのかどうか？

あとは、読者である皆様の判断に委ねるしかありません。それにしても、

「スピリチュアル業界というのは、本当に不思議で特殊な業界だな」

と、原稿を書きすすめながら、改めて痛感いたしました。

スピリチュアル業界では、ある種の「人間力」が問われます。

私達スピリチュアル・カウンセラーは、
クライアントの悩みを糧にして活動をしています。
そのため、私の信念には完全に反しますが、クライアントに対して
「ファストフードで注文するように、自分の願いが叶うよう依頼してくる」
と、非難するスピリチュアル・カウンセラーも（残念ながら）存在します。

また、クライアントの悩みに対して、
合理性を以って断罪するスピリチュアル・カウンセラーも（やはり、残念ながら）
存在します。

しかし、そうしたスピリチュアル・カウンセラーは、
（ほぼ間違いなく）活動が行き詰まっているか、
あるいは……やがては行き詰まる運命にあります。

一方、人間力を持っているスピリチュアル・カウンセラーは、やがては人気を博するようになるでしょうし、活動が行き詰まっているとしても、色々な情報を探して技術的な不足を補うことを選択するでしょう。技術的な不足さえ補えれば、やがて活動は順調に推移するようになります。

人間力を推し量る客観的な指標などはありません。しかし、今までの人生経験を活かし、かつクライアントを受容することが出来ているなら、人間力としては十分ではないかと思われます。

いくら可能な限り中立的な立場でセッションをしているにしても、私達スピリチュアル・カウンセラーは、自分自身の過去と無関係ではいられません。そのため過去に傷ついた、あるいは大変な思いをしたという経験は、スピリチュアル・カウンセラーにとっては大きな財産です。

心理学者のユングが提唱した概念に、「Wounded Healer（ウォンデッド・ヒーラー…傷ついた治療者）」というものがあります。

過去に傷を負っているからこそ、理解出来る、共感出来るということもあるでしょう。
そして、それを乗り越えた経験は、それそのものが学びであり、気づきの宝庫であるということも言えると思います。

私自身、元の出発点が心理職だったということもあるので受容や共感のトレーニングを積んでいるというのもあるのですが、過去の傷つき体験がクライアントへの受容や共感に繋がっているという面は否定出来ません。

本書を読まれている皆さんも、過去を振り返ってみると、傷ついた、大変な状況を乗り越えたという経験はあるはずです。そして、目の前にいるクライアントは、もしかしたら過去の私達と同じかもしれないのです。傷ついたクライアントは、その傷つきの理由が何であれ、傷つきを乗り越えようともがいていた過去の私達とオーバーラップするはずです。

そう考えると……自然とクライアントに対する、深い理解と受容と共感が生まれるのではないでしょうか。

私が講座で口を酸っぱくして言っているのは、クライアントに対する理解と共感、そして受容が最も大切だということです。

私の願いは、1人でも多くのスピリチュアル・カウンセラーが世の中で活躍し、1人でも多くのクライアントに手を差し伸べることです。

そのために、本書が指針となり、読者の皆さんにノウハウの提供が出来るのであれば……それは望外の喜びです。

いま、これを書いているのは2020年5月、コロナ禍の真っただ中で、出口が見えない世相を肌で感じながら、パソコンに向かっています。

日本の今後を考えたさい、（たとえコロナ禍がなくとも）超がつく少子高齢化によって、出口が見えない閉塞的な世の中になってゆくことは想像に難くありません。

しかし、そういう時だからこそ、人は希望を求めます。

そして、その希望を私達スピリチュアル・カウンセラーは提供することが出来ます。

少しずつであっても、世の中に光を灯すような方が増えてゆき、希望の輪が広がってゆくことを、心より願っています。

本書を最後までお読みいただきありがとうございました。

心から感謝申し上げます。

【著者プロフィール】

スピリチュアル・カウンセラー養成講師

ミスカトニック

不動産、建築業界の営業マンとして仕事をしていたが、ふとしたきっかけで2000年より心理カウンセラーとしての活動を開始。

大手企業のメンタルヘルス対策やメンタル面に問題を抱えるクライアントをケアする活動に従事。

2003年、あるきっかけから占い師、スピリチュアル・カウンセラーとしての活動を開始。予約3か月待ちになるまでになる。

2013年、少子高齢化に対する問題意識から、認知症特化型の介護福祉施設を立ち上げる。

現在は、スピリチュアル・カウンセラーとしての活動を継続しながら、スピリチュアル・ビジネス・コンサルタントの活動と、スピリチュアル・カウンセラーの養成に力を入れている。

養成講座では、心理学とスピリチュアリティに基づくオリジナルのメソッドをレクチャーしており、受講生から分かりやすく実践的と評価も高い。

ミスカトニック スピリチュアルカウンセラー
https://uranai-consul.com/

カバーデザイン／三瓶可南子
カバーイラスト／しんやゆう子
制　作／キャップス
校正協力／島貫順子・伊能朋子
編集協力／加藤弥絵
編　集／阿部由紀子

スピリチュアル・カウンセラーになって豊かに成功する教科書

初版1刷発行 ● 2021年3月19日

著者
ミスカトニック

発行者
小田 実紀

発行所
株式会社Clover出版
〒162-0843 東京都新宿区市谷田町3-6 THE GATE ICHIGAYA 10階
Tel.03(6279)1912　Fax.03(6279)1913　http://cloverpub.jp

印刷所
日経印刷株式会社

ISBN978-4-86734-012-7　C0011